学習・言語心理学

高橋秀明

まえがき

　本書は，放送大学が開設している科目「学習・言語心理学」の印刷教材として執筆されました。大学教育は，当該大学が提供している科目群全体として評価されます。そこで，放送大学が開設している科目群の中に，本科目も位置づけることを考える必要がありました。同時に，放送大学が過去に開設してきた科目群との関連についても，検討する必要がありました。一方で，大学教育における教育の内容は，当該科目を担当する教員の研究活動の成果が反映されます。そして教員の研究活動は，学会活動を通して実践されております。本科目の内容については，日本心理学会が標準的なシラバスを公開しており，そのシラバスと関連づけながら，本科目の内容を決めていく必要もありました。以上のような複数の意味で，本科目の制作は，著者自身にとって，たいへん挑戦的なものでありました。

　筆者は，認知心理学／情報生態学を専門としておりますが，気になる心理学者として，ヴィゴツキー，スキナー，ギブソンという3人がおります。

　ヴィゴツキーは，ロシアの心理学者で，現代の社会文化的アプローチや活動理論の創始者とみなされております。観察の単位を見極めること，心理的道具としての言語という考え方は，大切な観点に思っています。

　スキナーは，徹底的行動主義を主張したアメリカの心理学者です。パーソナルイベントを研究対象とし，シングルケース実験という研究方法を採用し，操作主義として一貫している点に惹かれておりました。

　ギブソンは，アメリカの生態心理学者で，アフォーダンスという概念で有名です。「行動を誘う」という翻訳を気に入っていますが，環境と

主体との関係を捉えるための有意味な枠組みとして捉えることができると思っています。

　本書では，これら3人の心理学者は正面から扱われていませんが，人間観／科学観として通底するものを読み取っていただくことは可能かもしれません。

　本書でも触れていますが，現代は，情報化社会です。その意味はさまざまありますが，特に，大学教育との関連からは，学生は，自ら，情報通信技術ICTを活用して，自分の問題意識を広め深めていくことが求められているということがあります。そこで，本書の読者にも，気になる用語や概念，実験がありましたら，インターネットから入手できる情報に積極的にアクセスしてほしい，ということがあります。たとえば，第12章で取り上げた，Banduraのボボ人形実験というのは，インターネットで検索しますと，すぐに，そのビデオ映像を確認することができると思います。

　情報化社会の意味については，学生に限らず，教員や研究者も同じでして，科学や学問の営みが急速に変化しておりますので，過去の成功にしがみついていては，すぐに過去の遺物になってしまうということも，急いで付け加えたいと思います。このことは，一般の人々にとっても同じであろうと思います。それぞれにとって大切なこと，伝統や習慣を守りつつ，科学や社会の変化にも柔軟に対応していく，ということは，今後，万人にとって，ますます必要になってくると思います。

　これは，本科目の主題である「学習」であり，「言語」による営みであるということができると思います。

　さて，やや技術的なことになりますが，本書での，引用のスタイルに

ついて補足しておきたいと思います。引用とは，過去の文献を参照し，取り入れることを言います。そして，その引用をしたこと，どのようにして引用したかを示すことは，一般に，「論文スタイル」の中で決められています。心理学における論文スタイルとしては，APA スタイルが有名です。アメリカ心理学会（American Psychological Association）が1929年に決めて，Publication Manual として公刊してきたもので，2020年に第7版が公開されました。日本心理学会「執筆・投稿の手引き」も，APA スタイルに準拠しています。

そこで本書においても，本文中での引用の仕方と，各章末での「引用文献」「参考文献」の書き方とは，APA スタイルにできるだけ準拠するようにしています。参考文献は，関連する先行研究や，放送大学の過去の教材などもあげるようにしています。

本文中での引用の仕方ですが，基本的には，引用元の著者名とその文献が公表された年（西暦）とで示します。

　　例　高橋・柳沼（2013）

また本文中で特に図表を引用する際には，元の図表が掲載されている文献の公表年の次に，その掲載ページを列挙するように示しています。

　　例　太田（2008：20）　太田（2008）の20ページにある図表を引用
　　　　　　　　　　　　　　している

心理学領域での実験レポートや，卒業論文・修士論文や投稿論文を執筆される際には，APA スタイルに準拠していることが必須であると思いますので，そのようなレポートや論文の執筆を予定されている読者は，APA スタイルについても是非「学習」していただきたいと思っています。

末筆になりましたが，本書の執筆にあたり，放送大学教育振興会の香

原ちさとさんにはたいへんお世話になりました。記して感謝の意を表したいと思います。

2020年7月

高橋　秀明

目　次

1 | 位置づけ

《目標＆ポイント》
（1）「学習・言語心理学」の科学・学問全体の中での位置づけを理解する。
（2）「学習・言語心理学」という科目全体としては「言語行動」を対象とするのが適切であることを理解する。
（3）「学習・言語心理学」の最も関連している領域は「感覚心理学」「知覚心理学」「認知心理学」「言語学」であることを理解する。
《キーワード》 学習心理学，言語心理学，心理言語学，感覚心理学，知覚心理学，認知心理学，言語学，言語行動

1.「学習・言語心理学」,「学習心理学」,「言語心理学」について

　本科目名である「学習・言語心理学 psychology of learning and language」という概念から検討を始めよう。まず，「学習・言語心理学」という研究領域は存在しないし，これからも存在する可能性は極めて低いであろう。一方で，「学習心理学 psychology of learning」という研究領域，「言語心理学 psychology of language」という研究領域は存在しているし，これからも存在し続ける可能性は高いであろう。それでも，授業科目名に「学習・言語心理学」という概念を使っている以上は，その概念がカバーする研究領域について，授業科目の担当者として，何らかの制約をしておく必要があるだろう。

　そこで，公認心理師資格のカリキュラムについて，日本心理学会が公開している標準シラバスを確認すると，「学習・言語心理学」という科目は「大学における必要な科目名」の1つとしてあげられていることがわかる。つまり，現状では，「学習・言語心理学」という概念は公認心理師資格制度への対応のため必要である，ということである。

　これは大学教育におけるカリキュラム決定という政治的な意思決定が反映されているということである。これは，放送大学に限定されたことではない。単純には，科学や学問の世界が政治の世界から独立はしていないということでもある。

　この標準シラバスをさらに詳細に確認してみると，「大学における必要な科目名」の下には「大項目」として「各科目に「含まれる事項」」が，さらに「大項目」の下には「中項目」として「各回の授業タイトルの例」が示されている。そこで，「学習・言語心理学」の「大項目」としては，

表1-1　「学習・言語心理学」の大項目・中項目

大項目 各科目に「含まれる事項」	中項目 各回の授業タイトルの例	
①人の行動が変化する過程	A	学習・行動領域の心理学
	B	行動の測定と実験デザイン
	C	生得性行動
	D	レスポンデント（古典的）条件づけ
	E	オペラント（道具的）条件づけ
	F	強化随伴性
	G	刺激性制御
	H	高次の学習・行動
②言語の習得における機序	A	言語に関する理論と研究
	B	語彙の獲得過程
	C	文法能力の発達
	D	言語の生物学的基礎と障害

日本心理学会（2018）公認心理師大学カリキュラム　標準シラバスの改訂より作成

①人の行動が変化する過程

②言語の習得における機序

の2つがあがっており，それぞれの「中項目」を確認すると，①が「学習心理学」に②が「言語心理学」に相当していることが分かってくる（表1-1）。

　本科目「学習・言語心理学」の各章のタイトルについても，この「中項目」のタイトル例を参照しているところが多分に含まれていることは，ここで断っておいた方が良いだろう。この標準シラバスでは，「中項目」の下に「小項目」として「含むべきキーワードの例」が示されている。この「小項目」についてはここでは省略するが，本科目「学習・言語心理学」の各章のキーワードとして参照していることも，ここで断っておく。

　そこで，節をあらためて，「学習心理学」と「言語心理学」という概念について検討していこう。

2.「学習心理学」について

　「学習 learning」とは「行動変容 behavior modification」と定義されることが一般的である。行動変容とは，行動が変わること，つまり，上記の標準シラバスであげられていた「①人の行動が変化する過程」の内の「行動が変化する」というのが「学習」の定義であるわけである。それでは「行動」とは何か？　「変化（する）change」とは何か？　つまり，「行動」と「変化」という概念で定義することが次の問題となるが，第2章以下で（つまり本科目全体を通して）検討していくことになる。

　標準シラバスであげられていた「①人の行動が変化する過程」の内の残りの部分についても検討しておこう。

　まず「人の」である。これは，学習心理学を含め心理学研究において，人，つまり人間以外の動物（より正確には生物）の行動についての研究

も蓄積されている，ということである。そして，人以外の生物について
の心理学研究の成果を応用して，人間の心理学研究を進めることも行わ
れてきた，ということである。本科目においても，パブロフのイヌ，ス
キナーのネズミやハトといった動物を対象とした研究について言及する
ことになる。

　最後に残った「過程 process」である。「過程」という概念も上記「変
化」という概念と一緒に本科目全体として検討していく概念である。こ
こでは，「過程」という概念と一緒に検討しておくべき概念として「結
果 result」という概念があることを指摘しておくだけにする。つまり，
「行動」の「変化」の「過程」と「結果」とを，本科目全体を通して検
討していくことになる，ということである。

3.「言語心理学」について

　続いて「言語心理学」という概念について検討しよう。上記の標準シ
ラバスであげられていた「②言語の習得における機序」には，「言語の
習得」と「機序」という概念が含まれている。その前に，上記「①人の
行動が変化する過程」において「人の」について検討したが，「②言語
の習得における機序」では「人の」つまり，「人間の」「言語」というよ
うな限定がされていないことについてまずは検討しておこう。

　「人間」という概念についてどのように定義をするのか？というのも，
やはり本科目全体を通して検討しても結論を下すことのできない根本的
な問題であるが，ここでは，「人間とは言語を操る動物である」という
定義を認めておこう。つまり，「言語の習得」の「言語」に，「人間の」
というような限定をつけていないのは，「言語」とは「人間の言語」で
あるのが当り前であるから，ということである。もちろん，人間以外の
動物に見られる「言語」あるいは「記号」を操るような「行動」につい

ての研究も蓄積されており，人間にとっての「言語」の意味をより深く
理解することができるようになったということも事実である。そして，
「言語を操る」ための生物学的な基盤，特に生理的な基盤について研究
が蓄積されてきている（第4章参照のこと）。

　次に「言語の習得」であるが，一般的には「言語獲得（習得）language
acquisition」という研究領域で研究されてきていることである。つまり
「言語獲得」とは，人間が生まれてから言語を操ることができるように
なることを言う。この場合の言語とは，正確には母語，あるいは第一言
語であり，さらに，その言語を聞いたり話したりすることができること
を言う。つまり話し言葉を操る，ということである。なお，「言語の習
得」に関して，language acquisition の翻訳語として「言語習得」を当
てることも多い。日本語の「獲得」と「習得」との違いというのも，研
究内容自体あるいは研究の哲学や思想と関連して使い分けられている，
というのが正確とは思う。本科目では，これ以降は「言語習得」で統一
する。

　最後は「機序」である。機序とはメカニズム，つまり仕組みである。
心理学に限らず，研究対象を捉える観点として，その対象の「構造 struc-
ture」と「機能 function」に注目すると，その対象の性質が捉えやすく
なるが，「機序」とは「構造」に対応している。そこで，研究対象の「構
造と機能」，つまり「仕組みと働き」に注目しようということである。

4．言語行動，言語学習について

　本章の最初に，「学習・言語心理学」という研究領域は存在しないし，
これからも存在する可能性は極めて低いであろうとし，一方で，授業科
目名に「学習・言語心理学」という概念を使っている以上は，その概念
がカバーする研究領域について何らかの制約をしておく必要があるだろ

うと書いた。

　このことに関連して，「言語行動 verbal behavior」という概念について検討しておきたい。上で「言語を操る」とやや日常生活的な用語を使い，言語を聞く，言語を話す，という話し言葉を操るという側面に言及した。「言語を操る」には，書き言葉を操るという側面もあり，言語を読む，言語を書く，ということである。

　ここで，言語を聞く，言語を話す，言語を読む，言語を書く，とは，いずれも「行動」と捉えることが可能であり，「言語行動」の 4 つのモードの区別として捉えることが可能である。そうして，「言語行動」とは，拙い「言語行動」から賢い「言語行動」への「変容」あるいは「変化」をしていくが，これは，「言語行動」の「学習」ということであり，総じて「言語学習 verbal learning」と言われることになる。

　以上から，「学習・言語心理学」という科目においては，「言語行動」や「言語学習」という研究領域がカバーしている内容を扱うのだ，そうして，「言語行動」や「言語学習」の「構造」と「機能」という側面に注目することができるのだ，と捉えておくことは可能であろう。

　心理学に限定されないが，科学の専門領域には，それぞれの研究領域で，有名な専門雑誌 journal がある。この「言語行動」や「言語学習」を対象にした専門雑誌としては，「Journal of Verbal Learning and Verbal Behavior」，省略して JVLVB が有名である。JVLVB は，1962年に創刊された。そして，「投稿者への情報 Information for Authors」において，JVLVB の扱う範囲として「人間の学習についての実験室研究および心理言語学とその関連諸領域での仕事 laboratory studies of human learning as well as work in psycholinguistics and related disciplines」と示されている。また，このすぐ後には，「実験的そして経験的研究 experimental and empirical studies」を主に対象とするが，「現在の研究に明白

な影響を与えうる理論的論文 theoretical papers with clear implications for current research」も受け入れる，と明示されている。

　ここで「実験室研究」「実験的そして経験的研究」「理論的論文」は研究方法論に関する概念として，第5章で検討する。「心理言語学 psycholinguistics」は言語学の一領域であり，言語学と心理学との接点領域である。上で紹介した「言語心理学」は心理学の一領域であり，心理学と言語学との接点領域である。こうして，「心理言語学」と「言語心理学」との区別は曖昧である。言語学に基盤を持つ研究者は「心理言語学」と，心理学に基盤を持つ研究者は「言語心理学」と，それぞれ自らの研究領域を規定したというように捉えておくのが現実的であろう。

　いずれにしても，本科目「学習・言語心理学」が「言語学」との関連が深いことは事実である。そこで，「言語学」自体については第3章で検討する。

　この JVLVB は，その後，1985年に雑誌名を「Journal of Memory and Language」に変えた。その際の編集者からのお知らせ Editors' announcement で，当時の編集者の Just & Carpenter（1985：1）は，「以前からある略語 JVLJB に感傷的な愛着 sentimental attachments to the old acronym JVLJB」があったが，「本専門雑誌の内容と研究領域自体の性質 the contents of the Journal and the nature of the field itself」をより適切に反映する雑誌名に変えることに編集委員会で決めた，と書いている。雑誌名になった「記憶 memory」と「言語 language」とが，1985年当時の研究領域の特徴を反映している理由については，このお知らせには明示されていないが，単純には「認知心理学 cognitive psychology」の台頭ということである。

　ここで，「言語」という概念については上で検討してきた。「記憶」そして「認知心理学」あるいは「認知 cognition」という概念については，

節をあらためて検討しよう。

5．知覚・認知心理学について

　本科目「学習・言語心理学」が公認心理師資格制度への対応のため必要であることは上で触れた。「認知心理学」についても同様であり，公認心理師資格制度への対応のため「知覚・認知心理学」という科目が存在することになった。「感覚心理学」「知覚心理学」「認知心理学」という研究領域は存在するが，「知覚・認知心理学」という研究領域はこれからも存在することはないであろう。ちなみに，「感覚（・）知覚心理学」と繋げることに違和感を持たない研究者が多いことは事実であろう。

　そこで「知覚・認知心理学」についても，公認心理師資格制度に基づいて日本心理学会が公開している標準シラバスを紹介しておこう（表1-2）。

表1-2　「知覚・認知心理学」の大項目・中項目

大項目 各科目に「含まれる事項」	中項目 各回の授業タイトルの例	
①人の感覚・知覚等の機序及びその障害	A	感覚の種類と構造
	B	感覚・知覚の基本的特性
	C	視覚
	D	聴覚
	E	化学的感覚・体性感覚他
	F	対象認知他
	G	感覚・知覚の障害
②人の認知・思考等の機序及びその障害	A	認知の基本的特性
	B	記憶のメカニズム（1）ワーキングメモリ
	C	記憶のメカニズム（2）長期記憶
	D	記憶のメカニズム（3）日常的記憶
	E	注意のメカニズム
	F	知識の表象と構造
	G	問題解決と推論
	H	認知・思考の障害

日本心理学会（2018）公認心理師大学カリキュラム　標準シラバスの改訂より作成

　「大項目」としては

①人の感覚・知覚等の機序及びその障害

②人の認知・思考等の機序及びその障害

の2つがあがっており，それぞれの「中項目」を確認すると，①が「知覚心理学」に②が「認知心理学」に相当していることが分かってくる。そして，「認知心理学」において「記憶」が占めている割合が大きいことも分かるだろう。なお，「記憶」については，「記憶の分類」ということで第2章でさらに検討する。

　また，「認知心理学」において「記憶」以外のテーマは，本科目「学習・言語心理学」の「言語」との関わりが深いことも分かるだろう。こうして，本科目「学習・言語心理学」と「知覚・認知心理学」という科目とは最も関連する内容を扱っていることが分かるだろう。

　上で「学習心理学」を検討した際にも述べたが，この「感覚・知覚心理学」の2つの大項目にも「人の」という限定がついているが，これも「学習心理学」で検討した内容と同じであり，心理学研究において，人，つまり人間以外の動物（より正確には生物）の行動についての研究ばかりでなく，感覚・知覚や認知・思考についての研究も蓄積されている，ということである。そこで，「比較心理学」という研究領域が存在しており，系統発生的な観点から「比較」するという観点が重視されている。さらに，「認知心理学」と「比較心理学」との接点領域として「比較認知心理学」，「認知心理学」がより広い観点から「認知科学」に含まれるという意味で，「比較認知科学」という研究領域も存在している。

　上で，「Journal of Verbal Learning and Verbal Behavior」という研究雑誌が1985年に「Journal of Memory and Language」という雑誌名に変えた理由として「認知心理学」の台頭のためと書いたが，より広い観点からは，「行動科学 behavior science」から「認知科学 cognitive science」への移行，これを大げさに表現すれば「認知革命 cognitive revolution」と呼ばれる思想的な変化があったということである。

認知科学への進展を支えた研究領域としては，やはり，「計算機科学 computer science」あるいは「情報学 informatics」をあげざるを得ないであろう。そうして，「認知心理学」において，人間の「認知」を，「情報処理 information processing」として捉えるようになってきたと言えよう。つまり，中央処理系と記憶装置とからなるシステムとして捉えるということである。

さて，この「情報学」の影響は，現代の私たちの日常生活にも多大な影響をもたらしている（たとえば，青木・高橋（2018）や高橋・柳沼（2013）など）。端的には，私たちの日常生活は，情報通信技術 information and communication technology（ICT）によって開発されたさまざまな人工物に取り囲まれるようになってきており，これは，私たちを取り囲む「環境 environment」をどのように捉えるか，ということと関連している。このことを節をあらためて検討しよう。むしろ，本科目全体を通して検討していくことでもある。

本節の最後に「学習科学」について触れておこう。上で，「行動科学」から「認知科学」への移行と書いたが，この認知科学の影響は，教授学習過程と ICT との関係を扱う「学習科学」という領域に結実したということができる。

6. 発達心理学について

本科目「学習・言語心理学」が「人の行動が変化する過程」と「言語の習得における機序」とを扱うということはすでに述べた。ここで，「言語の習得」とは言語を習得していない状態から習得した状態への「変化」のことであり，「行動の変化」と言うこともできる。

　心理学におけるこのような「変化」については，「発達心理学 developmental psychology」という領域において研究が蓄積されている。「発達心理学」においては，系統発生と個体発生という大きな観点があり，系統発生については「比較心理学」について検討した際に触れた。個体発生とは，一人の人間が生まれてから（正確には受精してから）死ぬまでの生涯に渡る変化に注目する観点である。上で述べた「言語の習得」についても，言語を習得した状態をどのように規定するか，つまり，生涯発達の観点から研究することも可能であるということである。なお，「人の行動が変化する過程」についても，個体発生の観点から研究することも可能である。

　「発達心理学」において，発達の理論について検討する際に，「氏か育ちか」ということが言われる。「育ち」とは「環境」のことであり，「氏」とは「遺伝」のことである。

　本科目「学習・言語心理学」が扱っている「人の行動」も「言語の習得」も独自で存在しているわけではない。つまり，人を取り囲む「環境」の中で，人は「行動」し，また「言語」を使っている，ということである。また，人は「遺伝」の結果として存在している，ということである。

　そこで，「環境」を研究している領域には「環境学」がある。「環境学 environmental studies」はもともと公害問題から成立したという面がある。人間の営みとしての産業，特に工業の発展に伴って，自然環境に悪影響をもたらし，それが人間や動植物にも悪影響をもたらしたという社会問題となったということであり，現代でも，温暖化問題としてマスコミなどでも報道されている通りである。このように「環境学」にはある種の価値観が含まれているために，「環境科学 environmental science」という用語が使われることも多くなってきたと言えよう。

　「環境」を研究している領域として，「生態学 ecology」という研究

領域をあげることができるであろう。「生態学」は「生物学 biology」の一領域であり，生物と他の生物や環境との相互作用というのが研究対象である。そうして，この相互作用を，生物の「行動」という側面から研究しているのが「行動生態学 Behavioral ecology」や「行動生物学 behavioral biology」と呼ばれている領域である。また一方で，「生態心理学 ecological psychology」という領域も存在しており，「行動」に限定せずに，心理学の観点から，この相互作用を研究しようということである。

　続いて「遺伝」を研究している領域として，「遺伝学 genetics」という研究領域をあげることができるであろう。「遺伝学」も「生物学」の一領域であり，生物が世代を超えて形態が伝わっていく機能とそれを支える構造とが研究対象である。そうして，遺伝の生物の「行動」への影響を研究している「行動遺伝学 behavioral genetics」と呼ばれている領域もある。

　発達の理論に関して「環境」と「遺伝」とを取り上げたのは，そのいずれを強調するかによって，発達の理論が「経験説」と「生得説」とに大別することができるからである。つまり，経験説とは胎内の環境も含めて人間を取り囲んでいる環境の中で，文字通り「経験」を積み重ねることによって発達を説明することができるという立場である。一方で，生得説とは人間が生まれ持っている能力によって発達を説明することができ，そしてその能力は遺伝によって決定されているという立場である。もちろん，発達が「環境」か「遺伝」かのどちらか一方のみで説明することができるということはなく，「環境」と「遺伝」とは相互作用するのだという「相互作用説」が一般的ではある。

　なお「言語習得」の理論についても，同じように「経験説」「生得説」「相互作用説」に大別することができるが，第 6 章と第15章で検討しよう。

　発達心理学について検討してきたが，発達という概念は一般的には「ポジティブ」な含意を持っていると言えよう。しかし，個体発生というのは長期間に及ぶために，その過程ではさまざまな困難や問題に直面することも事実である。端的には，各種の疾病や事故などによって，健常な状態から逸脱してしまうこともあり，これも広義の「行動の変化」と言えるであろう。これは，総称的になるが「障害学」という研究領域の対象である。第4章で簡単に検討している。

7.　まとめ

　本章では「学習・言語心理学」という科目名をめぐって，その基本的な考え方や，関連する他の科学の専門領域について検討してきた。本章の終わりに，さらに大きな観点から，隣接領域について触れておきたい。

　それは，「哲学（や思想）」や「哲学史」，そして「心理学史」という領域である。心理学に限らないが，現在の科学技術は，哲学にその源泉がある。そこで，「哲学」における諸概念の変遷を扱う「哲学史」を紐解いていくと，それぞれの科学技術の領域が哲学から独立した経緯についても理解を深めることができる。その意味では，現代の科学技術の進展についても，できるだけフォローしておくことも大切である。

　田中（2006：347）によると「研究のオリジナリティを出すためには」「哲学や思想に強くなる」ことをすすめている。現在の心理学の哲学や思想的な背景を見極めて，端的には自分の研究に関する先行研究を読み込んで，それとは異なる哲学や思想的な背景を持って自分の研究を位置づけてみることができる。たとえば，その先行研究が「機械論」の立場であると解釈したら，自分は「主体論」の立場で解釈をし直してみるとか，先行研究が「主体論」の立場であると解釈したら，自分は「相互論」の立場で解釈し直してみるとか，先行研究が「相互論」の立場であると

解釈したら，自分は「主体論」の立場の復権を主張してみる，といったことである。

　心理学についても同様であり「心理学史」という領域が，本科目「学習・言語心理学」と大いに関連している。

　初学者にとっては，このように，さまざまな研究領域が存在していることに戸惑うことであろうが，むしろ，一定の共通認識を持つ研究者集団が，それぞれの研究の意義をアピールするために，それぞれが掲げる研究領域がある，そのようにして科学が進歩していくと捉えるのが良いであろう。

学習課題

　自分の日常生活を振り返ってみて，「学習・言語心理学」と関連している事例を探してみよう。特に，情報通信技術を利用したサービスや製品の利用場面を振り返ってみよう。

引用文献

青木久美子・高橋秀明（2018）．日常生活のデジタルメディア　改訂版　放送大学教育振興会

Just, M. A. and Carpenter, P. A. (1985). Editors' announcement. *Journal of Memory and Language*, 24(1), 1.

公益社団法人日本心理学会（2018）．公認心理師大学カリキュラム　標準シラバスの改訂（公益社団法人日本心理学会　Retrieved from https://psych.or.jp/qualification/shinrishi_info/shinrishi_syllabus,　2020年2月28日）

高橋秀明・柳沼良知（編）（2013）．研究のための ICT 活用　放送大学教育振興会

田中　敏（2013）．実践心理データ解析：問題の発想・データ処理・論文の作成　改訂版　新曜社

参考文献

石口　彰（編）（2019）．知覚・認知心理学　放送大学教育振興会

今田　寛（編）（2000）．学習の心理学　放送大学教育振興会

西川泰夫・高砂美樹（編）（2010）．心理学史　改訂版　放送大学教育振興会

高野陽太郎（2013）．認知心理学　放送大学教育振興会

高橋秀明・柳沼良知　研究のための ICT 活用（'17）　放送大学大学院（オンライン授業）

2 │対象（1）心理学から

《**目標＆ポイント**》
（1）活動理論からの学習の分類を理解する。
（2）行動主義からの学習の分類を理解する。
（3）行動分析学の研究対象と方法を理解する。
（4）認知主義からの記憶の分類を理解する。

《**キーワード**》　学習科学，協調学習，ヴィゴツキー，活動理論，行動主義，生得的行動，習得性（学習性）行動，非連合学習，連合学習，社会的学習，ルール支配行動，行動分析学，ケース研究，シングルケースデザイン，短期記憶，長期記憶，作業記憶，意味記憶，エピソード記憶，意味記憶，顕在記憶，潜在記憶，手続き記憶，宣言的記憶，展望記憶

1. はじめに

　前章は「位置づけ」という副題をつけていた。本章は「対象」という副題をつけている。これは，本科目「学習・言語心理学」とは何かを検討するにあたり，その外延 extension と内包 intension という観点から検討することができるだろうということである。つまり，前章では外延ということで，関連する研究領域を紹介しながら「学習・言語心理学」の位置づけを検討した。本章では内包ということで，「学習・言語心理学」という研究領域が何を対象としているのかを検討しようということである。それを，本章では「心理学」の観点から，次の第3章では「言

語学」の観点から検討する。さらに，第4章では「生物，生理，病理・障害の観点から」と題して「学習・言語心理学」の別の観点からの対象を検討する。

　このようなことを考えるきっかけとなったのは，最近，同じ「学習心理学」という書名であるが，全く異なる内容となっている2冊の教科書との出会いがあったからであるので，その2冊の教科書の内容を紹介していこう。具体的には，それぞれの教科書が，「学習心理学」の対象をどのように「分類」しているかを紹介しよう。

2．学習の分類：認知の観点から

　2冊の教科書について紹介する前に，前章で紹介した「学習科学」について，まずは検討しておこう。前章では，「学習科学」について，「教授学習過程とICTとの関係を扱う」研究領域と書いた。より正確に「学習科学」を説明するとしたら，この教授学習過程とは「教室」という場を前提にしていると言える。学校教育と限定する必要はないが，「教室」という場で，複数の学習者と教授者とが関与して営まれている過程を研究対象としているということである。

　そこで，「学習科学」では，教授者の教示に従って，学習者が一人で学習するという学習の考え方を脱して，学習とは，教授者を含めた学習者から成り立つ学習コミュニティにおいて営まれる「協調学習」として捉える，というように学習の捉え方が変化したということである。

3．学習の分類：活動の観点から

　2冊の教科書を出版年の古い順に検討していこう。まず，青山・茂呂（2018）は，ロシアの心理学者であるヴィゴツキー（Lev Semenovich Vygotsky, 1896-1934）の活動理論を基底に編集された学習心理学の教

科書である。その中で，茂呂（2018）は，「人間活動の歴史的な変化を考えると，人間の学習は，3種類に分けてとらえることが必要になる（p.4）」として，（1）潜在学習，（2）学校制度での学習，（3）日常学習の3つに学習を分類している。

　まず，潜在学習とは意図しない学びであり，次の学校制度での学習と日常学習とは意図した学びとされている。学校制度での学習とは制度的意識的学びであり，具体的には，学校での教科である理科，道徳，総合学習の支援，さらに，メディアリテラシーが取り上げられている。日常学習は非制度的学びであり，具体的には，仕事場での学びや場面や集団を越境する学びが取り上げられている。

　学習を分類する際に，「制度」を基準としているのは，活動理論故ということである。しかしそうであるとすると，私たちの日常生活にも「制度」は関わっていることは指摘しておく必要があるだろう。つまり仕事場を含めて日常学習は，日常生活における法に従って営まれている活動を基盤にしているということである。明文化された法律ばかりでなく，習慣や決まり事などに私たちは従って日常生活を送っている。前の章で，本科目「学習・言語心理学」の位置づけを行ったが，この「制度」ということを考えると，「法学」という領域との関連もあるということは指摘しておくことができるだろう。

　本科目「学習・言語心理学」においては，「潜在学習」は単独に取り上げていないが，本章で後述する，記憶の分類で触れている。また，「学校制度での学習」と「日常学習」とについても，単独には取り上げていないが，その理由も含めて第10章から第15章までの各章で検討している。

4. 学習の分類：行動の観点から

　眞邉（2019）は，単著の教科書という意味でも稀有なものである。著

者の立場は行動主義と言えるが，「言語による学習」を取り上げている点でもたいへん参考になる。まず，眞邉（2019）は行動を「生得的行動 innate behavior」と「習得的行動 acquired behavior」とに分類している。生得的行動は「経験の有無にかかわらず，生起する一連の行動（p.2）」「生まれつき備わっている行動（p.2）」のことである。習得的行動は「経験によって獲得，維持，変容可能な行動（p.9）」のことである。「生得的行動」については，本科目では第6章で扱う。なお，行動分析学（あるいは徹底行動主義）の立場から，坂上・井上（2018）は，「生得的行動」対「学習性行動 learned behavior」という分類をあげて，「現代の行動研究者たちは，100％学習性の行動も，100％生得性の行動も，おそらく現実的には存在しないと考えている。たとえば，生得性行動の基盤を遺伝子に結びつけ，学習性行動を条件づけ（や環境との相互作用）に結びつけるのは，あくまでも研究を進めるための暫定的な約束にすぎない。どんな生物個体の行動も，遺伝的なメカニズムに依存していると同時に，環境との相互作用の履歴にも依存しているのである（p.64）。」と述べていることを補足しておこう。ここでは，学習性行動とは習得的行動と同義であると捉え，習得的行動という用語を使っている。

　そうして，眞邉（2019）は，習得的行動について，「学習の分類」と題して図2-1のようにまとめている。

　習得的行動は，経験の種類によって，（1）本人が実体験する場合，（2）他者の実体験を観察する場合，（3）言語的に指示・教示される場合というように3つに分類される。

（1）実体験による学習

　本人が実体験することによる学習であるが，さらに，非連合学習 non-associative learning と連合学習 associative learning とに分類される。

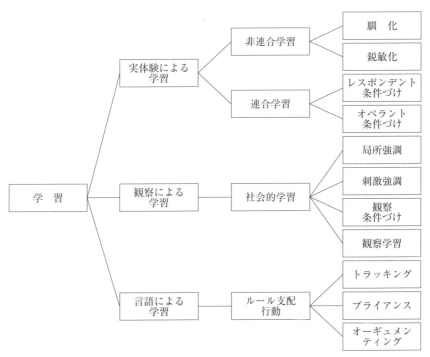

図 2-1　学習の分類
（眞邉（2019：11）『ポテンシャル学習心理学』サイエンス社より作成）

　まず，非連合学習とは，同じ刺激が繰り返して提示されるという経験
による行動の変化のことであり，馴化 habituation と先鋭化 sensitization
とに区別される。馴化とは刺激が繰り返し提示されることにより，反応
の強度や頻度が低下・減少することである。一方の先鋭化とは刺激が繰
り返し提示されることにより，反応の強度や頻度が増加することである。
眞邉（2019）のあげている地震の例を使って検討すると，たいへん強い
地震を経験すると地震が起こるたびに恐怖反応の強度が強くなるのが先
鋭化であり，それほど強くない弱い地震を何度も経験すると慣れてしま

うのが馴化である。

　次に，連合学習であるが，刺激や行動，さらに，行動の結果としての刺激の変化といったように，何かと何かとが結びつくことによって成立する学習のことであり，レスポンデント条件づけとオペラント条件づけとが区別されている。本科目では第 7 〜 9 章で扱う。なお，眞邉（2019）が述べている通り，「（感覚）運動学習」はオペラント条件づけとして捉えることができ，本科目では第11章で扱う。

（2）観察による学習

　他者の実体験を観察することによる学習であり，社会的学習 social learning と言われる。社会的学習では，局所強調 local enhancement，刺激強調 stimulus enhancement，観察条件づけ observational conditioning，観察学習 observational learning が区別されている。観察学習は，模倣学習 imitative learning と言われることもある。本科目では第12章で扱っている。

（3）言語による学習

　言語的に指示・教示されることによる学習である。前章でも検討したように，言語とは人間を人間たらしめている特徴であり，言語による学習は人間に特有である。具体的には，「いつどんなときに，何をしたら，どうなるかという関係（p.11）」が表現された「ルール」が提示されると，上で検討した実体験や観察学習をしなくても，ルールで表現された行動を学習することができる。このような行動は「ルール支配行動 rule-governed behavior」と言われている。ルール支配行動は，トラッキング tracking，プライアンス pliance，オーギュメンティング augmenting が区別されている。トラッキングは「言語ルールに従うと，そのルール

に従って利益を得たり，不利益を避けられることにより形成・維持される（p.12）」行動を言う。プライアンスは「従うと他者から褒められるなど社会的に強化されることにより形成・維持される（p.12）」行動を言う。最後のオーギュメンティングは「直接（中略）ルールは提示しないが，何らかの言語的提示を行うことにより反応の生起頻度や強化子・弱化子の効力を変化させる（p.12）」行動を言う。本科目では，第10章「言語行動」において検討している。

5．行動の分類をめぐって：行動分析学の観点から

　さて，同じ「学習心理学」という書名であるが，全く異なる内容となっている 2 冊の教科書を紹介してきたが，読者はどのように考えるだろうか？

　前章では，「行動科学」から「認知科学」への移行ということを指摘したが，「学習心理学」においても，同様であろうか？　つまり，行動主義に基づいた「学習心理学」は今や時代遅れであり，認知科学に基づいた「学習科学」における「協調学習」や，活動理論に基づいた「学習心理学」が最先端の考え方，捉え方である，ということであろうか？　ここでは，「行動分析学」の考え方を検討することを通して，やや異なった観点を示してみたい。

　本章の副題は「対象」と題して，本科目「学習・言語心理学」の研究対象としての「学習」の分類について，検討してきた。研究対象ということでは，さらに，「学習」の主体について検討する必要があるだろう。つまり，学習するのは誰か？ということである。この問いは，通常は研究者が答えるべき問いである。研究者は「人間一般」の「学習」について研究したいのか，ある特定の個人の「学習」について研究したいのか，ということである。

　多くの場合，あるいは一般の読者にとっても，研究者は「人間一般」の「学習」について研究していると思われているであろう。そうして，研究対象となった人間，つまり研究参加者（以前は被験者と言われていた）が，研究で想定している人間一般（母集団）をどれくらい代表しているか，また，実験を行うのであれば，実験条件への割付けも偏りがないようになっているかといった，いわゆるランダムサンプリングやランダム割付け，というような操作を行って研究を行い，最終的には推測統計を行って結論を導くというような方法を取っているだろうと，捉えるだろう。これは，論理実証主義とか，方法論的行動主義と言われる方法と言える。

　これに対して，実践的な研究者であれば，ある特定の個人の「学習」について研究することに意義を見出して，いわゆる「ケース研究」という方法を採用することになるだろう。一般の読者でも，たとえば，臨床心理学におけるケース研究というのは馴染みがあるだろう。問題行動を持つ特定の個人に対して，臨床心理学的な介入を行い，その問題行動を解決しようということである。

　そこで，「行動分析学」の研究対象であるが，「私的事象（出来事）personal event」，「個体 individual organism」「個人的行動 personal behavior」である。そして，一参加者（あるいは一被験体）の実験（N＝一実験，シングルケースデザイン）を設定して，研究者の行動分析の結果を確認するという方法を取ることになる。その結果観察される参加者（あるいは被験体）の個人差は，論理実証主義でいう「誤差」とは見なされていない。行動分析が十分でないと見なされる。

　こうして臨床心理学におけるケース研究も，行動分析学におけるN＝一実験も，この方法によってその対象の本質を明らかにすることができる，ということを前提にしていると言えるであろう。もちろん，臨床心

理学でも行動分析学でも，ある特定のケースのみを対象としているのではなく，他のケースでの研究も行っているが，当該のケースについて，十全に記述や操作をする，ということは基本であろう。なお，前の節で検討した活動理論に基づく研究も，ケース研究という思想とは親和的であると指摘することはできるだろう。

　さて，行動分析学の考え方で，もう 1 つ検討したいのが，行動の「自発」ということである。そこで，行動分析学においては，淘汰性行動 selected behavior と誘発性行動 elicited behavior とを区別する。淘汰性行動とは，その行動が後続する環境変化によって変容される場合のことを言い，一方の，誘発性行動とは，その行動の出現が，先行する環境変化に基づく場合のことを言う。こうして，行動の「自発 emitted」とは，行動を誘発する先行環境を見つけることができない場合のことを言う。坂上・井上（2018）は，食物による唾液分泌について，食物によって誘発される誘発性行動であるが，自分で唾液を出すこともできるという非誘発の側面もあるという例をあげて，「従来の学習理論の考え方では，淘汰性と非誘発性（自発性），非淘汰性と誘発性という結びつきが，いわば自明のものとして考えられてきた。しかし，絶対的なものとは言えないことになる（p.65）」としている。ここで，淘汰性と非誘発性（自発性）という結びつきはオペラント，非淘汰性と誘発性という結びつきはレスポンデントということである（オペラントやレスポンデントという用語については，第 7 〜 9 章を参照のこと）。

　「自発」という概念については，「自発 spontaneous」や「自発性 spontaneity」，また別に「自発的 voluntary」といったように異なった英語翻訳もあるので，やっかいな問題が生じている。つまり，「自発」は，人間が「自由意志」で当該の行動を取る，という意味を帯びているということである。

6．記憶の分類：認知の観点から

　さて，前の章で，本科目「学習・言語心理学」は「知覚・認知心理学」との関連が深いということを検討した際に，「認知心理学」においては「記憶」という概念が大きな意味を持っていることを述べた。そこで，認知心理学の観点から「記憶」がどのように分類されているか，太田（2008b）を参照して検討してみよう。

　まず，太田（2008a）は「まえがき」として次のように述べている。やや長い引用になるが紹介しよう。

　「心理学でいう記憶は，常識的にいう記憶より広い概念で捉えている。すなわち，私たちが生まれてからの経験により学習したことは，すべて記憶の対象になるので，立って歩くこと，箸を使って食べること，日本語を話すことなど，すべて記憶である。（中略）また，「明日は何をしよう」とか，「今後の人生をどのように生きよう」とか考える時には，現在から過去への自分の様々な記憶や，自分や社会をどのように考えているか（これも記憶）という記憶が，基になっている。したがって，記憶研究は，過去のことを扱っているだけでなく，未来のことに直接関係する心理的要因を扱っているのである。このように考えてくると，私たちが毎日生活し生きていることと，本書で扱う記憶とは密接に関係していることが理解できる（pp.3-4）。」

　前節で行動主義の立場からの「学習の分類」を検討したが，認知心理学の観点からは，「学習」はすべて「記憶」の対象となる訳である。また，未来に関することにも「記憶」が関与している訳である。そこで，太田（2008b）で扱われている「記憶」は次のように分類されている。

　まず「記憶」は「短期記憶 short-term memory」と「長期記憶 long-term memory」とに大別される。前の章で，認知心理学について検討する際

に，人間の「認知」を，「情報処理 information processing」として捉え
るようになってきたと書いたが，図 2 - 2 のようなモデルである。

外界から情報が「感覚登録器 sensory register」を通して入ってくる
が，最初に「短期貯蔵庫 short term storage」において処理をされ，そ
の一部の情報が「長期貯蔵庫 long term storage」に保存されるという
ものである。こうして「短期貯蔵庫」の記憶が「短期記憶」と，「長期
貯蔵庫」の記憶が「長期記憶」と言われる。「短期記憶」については「情
報処理」における「中央処理系 central processing system」と捉えられ
ることから，「ワーキングメモリ（作業記憶）working memory」とも
言われる。図 2 - 2 で，矢印は情報の流れを示しているが，点線の矢印
は「ワーキングメモリを通っていないので，意識下で行われると推測さ
れる情報の流れ」である。

「長期記憶」はいくつかの異なる観点から分類されている。まず「エ

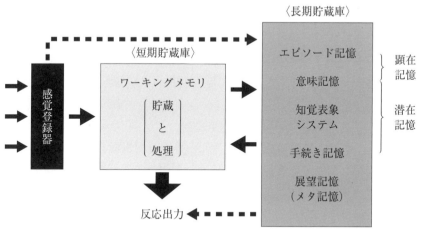

図 2 - 2　情報処理モデル
　（太田（2008b：20）『記憶の心理学』放送大学教育振興会より作成）

ピソード記憶 episode memory」対「意味記憶 semantic memory」という分類がある。「エピソード記憶」は「自己の経験の記憶」で「場所と時間」が特定できる。一方で「意味記憶」は「知識の記憶」であり，辞書や教科書に書いてあるような内容に関する記憶である。

　次に「顕在記憶 explicit memory」対「潜在記憶 implicit memory」という分類がある。「顕在記憶」は自分で「意識でき，言葉やイメージで表せる」が，「潜在記憶」は「意識されることはないけれど，行動や判断に表される」という区別である。なお，前の節で，活動理論からの学習の分類で検討した「潜在学習」の一部は「潜在記憶」である。

　さらに「手続き記憶 procedural memory」というカテゴリーがあり，「技能の記憶」とされる。太田（2008）では触れられていないが，「手続き（的）記憶」対「宣言的記憶 declarative memory」という分類があり，「宣言的記憶」とは言葉で表される内容の記憶である。

　太田（2008b）は，「意味記憶になる前の知覚表象を保持できるシステム」として「知覚表象システム perceptual representation system」というカテゴリーを「長期記憶」の1つとして取り上げている。

　以上の記憶はすべて過去の記憶であり「回想記憶 prospective memory」と総称される。対して「展望記憶 perspective memory」があり，「意図の記憶，未来の記憶」である。

　最後に「メタ記憶 metamemory」というカテゴリーが取り上げられている。これは，以上の記憶とは次元の異なる記憶であり，自分自身の記憶を監視し制御する機能を持つ記憶のことである。より広い概念としては「メタ認知 metacognition」があるが，太田（2008b）では触れられていない。

　この図2-2ではあがっていないが，記憶の分類として，他にも取り上げるべき記憶があるので，簡単に検討しておこう。まず，この図2-

2 であがっている記憶はそのほとんどが実験室実験によって研究されてきた記憶であるが，実験室研究には生態学的妥当性がないという批判もあり「日常記憶研究」が盛んに行われるようになってきている。上記の「展望記憶」も「日常記憶 everyday memory」の 1 つとみなすことができ，たとえば，スケジュール管理用の手帳という未来の記憶のために「記憶補助」を利用するということで「外部記憶 external memory」という概念もある。また，自己概念と記憶との関係から，自分に関連して処理されたものは記憶されやすいという「自己参照効果 self-referent effect」や，自己に関する意味記憶とみなすことができる「自伝的記憶 autobiographical memory」，さらに，社会的認知 social cognition との接点になる研究であるが，「人物（顔と名前）の記憶」という話題もある。

学習課題

　第 1 章の演習問題で見出した事例は，どのような学習と捉えることができるか考えてみよう。

引用文献

青山征彦・茂呂雄二（編）(2018).スタンダード学習心理学　サイエンス社

眞邉一近（2019).ポテンシャル学習心理学　サイエンス社

茂呂雄二（2018).人間の学習　青山征彦・茂呂雄二（編).スタンダード学習心理学（pp.2-21）　サイエンス社

太田信夫（2008a).まえがき　太田信夫（編).記憶の心理学（pp.3-4）　放送大学教育振興会

太田信夫（2008b).記憶の不思議　太田信夫（編).記憶の心理学（pp.9-23）　放送大学教育振興会

坂上貴之・井上雅彦（2018).行動分析学—行動の科学的理解をめざして　有斐閣

参考文献

太田信夫（編)(2008).記憶の心理学　放送大学教育振興会

3 │ 対象（2）言語学から

《**目標＆ポイント**》
（1）言語学の研究領域を理解する。
（2）言語学に対する記号論の影響を理解する。
《**キーワード**》 記号，ド・ソシュール，ランガージュ，ラング，パロール，シニフィアン，シニフィエ，恣意性，二重分節，音声学，音韻論，文法，形態論，統語論，文章論，意味論，語用論，文字論

1．言語学とは

　前章まで，関連する研究領域を紹介しながら，「学習・言語心理学」を位置づけた。その際に，「知覚・認知心理学」が最も関連が深い領域であり，放送大学科目でもあることを紹介した。「学習・言語心理学」との関連が深い領域ということでは，「言語学」があることを指摘しておいたが，本章で扱うことにする。なお，近年，他の研究領域との学際的な研究との関係を強調する意味で「言語科学」と称されることも多いが，ここでは「言語学」として検討していこう。また，言語学ではたとえば「日本語学」「英語学」というような各言語に応じた下位領域が存在しているが，ここでは「日本語学」（あるいは「国語学」）を正面から検討することはせずに，日本語での特徴を簡単に述べるのみにしていることも断っておく。

　まずは「言語学 linguistic」という概念の定義から始めるべきである

が，ここでは，「言語の構造と機能とに関する科学的研究」と定義しておこう。前章までと同じであるが，このような基本的な概念の定義は，科目全体として検討していくことである。

言語の構造とは，言語の仕組みのことである。まず，言語は「記号 sign」として捉えることができる。具体的には，音声や文字という媒体を取ることで，その存在を知ることができる。また，言語は「自然言語」と「形式言語」とに大別される。形式言語 formal language には人工言語 artificial language/constructed language が含まれるが，形式が定式化されている言語であるのに対して，自然言語 natural language は，その起源が不明であるということもあり，いつの間にか，人間が使っている言語ということである。

形式言語の内，人工言語にはさまざまものがある。エスペラント語など自然言語を補助するために作られた補助言語や，手話，さらにはコンピュータ言語（あるいはプログラミング言語）などがある。本科目では ICT との関連について重視していることは述べてきたが，コンピュータ言語についてはここで指摘するだけにしておく。

言語はどのような単位から成り立っているか？というのも言語の構造の側面である。具体的には，「音声」「音素」「形態素」「語」「文」「文章」「談話」「文字」といった単位を想定することが可能であり，（後述するように）それぞれの単位毎に研究領域が存在しており，それぞれ心理学的な観点からの研究も蓄積されている。

言語の機能とは，言語の働きのことである。言語学というよりは，心理学的な観点からの説明になってしまうが，言語の機能としては，伝達や表現ということがあげられる。つまり，他人とコミュニケーションしたり，考えたり感じたりしたことを現してみることである。そして，表現することにより記録する，という機能も果たすことになる。言語学的

な観点から説明するとしたら，言語の機能とは，ある言語表現が正しい表現であると言えるか否かを判断することができるとか，ある言語表現が何の音に聞こえるかが分かるとか，何の文字であるか分かる，というように，言語的な判断である，と言えるだろう。

　いずれにしても，言語の構造と機能とは，いわば相互に関連しながら，実際の言語使用が行われていることは事実である。

2．記号としての言語

　上で，言語は記号の一種と書いたが，言語学は「記号論」という研究領域との関連も深い。ここで言語学ばかりでなく記号論にも影響をもたらしたスイスの研究者としてド・ソシュール（Ferdinand de Saussure, 1857-1913）の考え方を丸山（1985）に依拠して紹介しておきたい。

　まず，ド・ソシュールは，言語を「ランガージュ」「ラング」「パロール」の 3 つに区別した。「ランガージュ langage」とは「言語活動一般」や「言語能力」そのもので，「人間」の特徴としての「言語」のことを言う。「ラング langue（英語では language）」とは「ランガージュ」がそれぞれの社会（正確には言語共同体）において社会的規約の体系として実現された言語のことで，「日本語」とか「フランス語」ということである。「ランガージュ」と「ラング」の英語訳は，language になってしまい混乱を招く。そこで区別するために「ランガージュ」は単なる language と，「ラング」は冠詞を付ける／複数形にする，つまり，a language/the language/languages というように訳されることがある。

　「パロール parole（英語では speech）」は「ラング」に基づいて実際に発せられた具体的な音の連続の「発話」を言う。

　ここで「体系」という用語を使ったので，やはり，ド・ソシュールの「統合関係」対「連合関係」という考え方について紹介しておこう。統

合関係 syntagmatic relation とは，話された言葉の繋がりを，その要素どうしの関係として捉えることを言う。一方で，連合関係 paradigmatic relation とは，そこに現れている要素と現れていない要素との関係として捉えることを言う。これを「今日はやく起きる」という発話を例にして検討してみよう。

```
今日    はやく      起きる
明日    ゆっくり    寝る
来週    すぐに      発つ
 ⋮       ⋮          ⋮
```

この例では，「今日はやく起きる」という発話を行う際には，「明日ゆっくり寝る」や「来週すぐに発つ」など実際には発話はしていないが，条件が整えば発話することができるような例との関係も想定されているということである。そこで，この「今日はやく起きる」という例では，統合関係とは「今日」「はやく」「起きる」という要素間の関係を，連合関係とは「今日」と「明日・来週・明後日…」，「はやく」と「ゆっくり・すぐに・おそく…」，「起きる」と「寝る・発つ・帰る…」というように，この文に現れている要素と現れていない要素との関係をいう。そして，統合関係にある要素は「構造 structure」をなす，連合関係にある要素は「体系 system」をなす」と言われる。この関係は，語や音節などの小さい単位でも捉えることができる。

```
起き    る
寝      た
発ち    ます
 ⋮      ⋮
```

```
k       i
n       e
r       a
:       :
```

　「統合関係」対「連合関係」という考え方について検討したが，その前提ということで，やはり，ド・ソシュールの関連する考え方として，「シニフィアン」対「シニフィエ」，「恣意性」「差異」「分節」「二重分節」といった考え方を検討しておこう。

　本章の最初に，言語は記号の一種と書いたが，上で例としてあげた「今日はやく起きる」という発話は，話し言葉という記号による表現である。このような表現には，その表現の内容である物理的な事態として「「今日」という日の「はやく」という時間に「起きる」という行動をした」ことが対応している。このように記号という表現しているものと，物理的な世界という表現されているものとが対応している，ということである。こうして，「意味しているもの」ということで，「能記」という概念があり，フランス語で sinifiant（シニフィアン）（英語では signifier）と言われる。一方の記号内容とは「意味されているもの」ということで，「所記」という概念があり，フランス語で signifie（シニフィエ）（英語では signified）と言われる。（なお，表現されるのは物理的な世界に限定されない，人間が空想した世界，勝手に作り上げた世界も含まれる。）そうして，「シニフィアン」と「シニフィエ」との関係は必然的な理由があってそのような関係になっているのではなく，たまたまそのような関係にあると言われる。たとえば，日本語では「今日」という表現が使われるが，英語では「today」であり，物理的な世界との関係は必然的なものではない。このような「シニフィアン」と「シニフィエ」との関係

は「恣意性」と言われる。

　さて，この「今日はやく起きる」という例で，「今日」という表現が取られたのは，連合関係としてあげた例の「明日」や「来週」とは異なり，「今日」ということが区別されていることが前提になる。これは「差異」と言われ，「今日」と「今日以外」とに違いがあるということである。「今日」というのは語であるが，この「差異」については，まずは，「音韻」についても同様に考えることができる。音自体は文字通り物理的な性質として記述することができるが，それぞれの言語毎に，有限個の音のみが区別されている。たとえば，日本語では，/r/と/l/とに相当する音の区別はされていないが，他の多くの言語では区別されているということである。

　こうして差異によって区別して，何らかの集まりを作ることは「分節」と言われる。人間の言語では，音による分節と，語による分節とがされており，これは「二重分節」と言われている。この性質によって，言語には「生産性 productivity」が生まれたと言われる。つまり，音と語とを組み合わせて，無限に言語を作り出していくことができる。なお，語による分節については，後述するが，言語相対性仮説の先駆けと言えるだろう。

　以下，言語学の下位の研究領域を簡単に検討していこう。なお，次の第4章において，言語に関わる行動を含めて，人間が生物として持っている器官やその神経生理学的な構造と機能，さらには，疾病や障害について検討しているので，合わせて参照されたい。

3．音声学 phonetics と音韻論 phonology

　「音声 speech sounds」は，物理学的な生の「音 sounds」であり，話し言葉の媒体としての実質を担っている。「音声学」は，「音声」の物理

的な性質を明らかにする「音響 acoustic 音声学」，「音声」がどのような構造によって，つまり発声器官によって実際に発声されるのかを分析する「調音 articulatory 音声学」，発声された言語音がどのように聞き手によって認識されるのかを分析する「聴覚 auditory 音声学」に大別される。

　「音声学」が言語音の物理的特性に焦点をあてていたのに対して，言語音の機能的特性によって「音素 phoneme」と呼ばれる言語語の最小の単位に基づいて，言語音にアプローチしているのが「音韻論」である。たとえば，日本語では/r/と/l/との区別がないと言われる。物理的な音声としては側面音 ［l］でもふるえ音 ［r］でも，音素としては/r/で十分に日本語としては機能している，ということである。

　斎藤（2010）は，音声論はパロールを，音韻論はラングをそれぞれ研究対象としていると述べているが参考になるだろう。

　日本語の言語音について，母音は 5 母音体系であるが，全体に緊張のない緩み母音と言われ，特に，「ウ」音は，円唇母音よりも，非円唇母音に近いと言われる。子音については，いわゆる「四つ仮名」問題と言われるが，「ジ」と「ヂ」，「ズ」と「ヅ」の区別がつきにくい。日本語については，音節とモーラとの違いも知られている。音節 syllable とは聞こえ度 sonority によるまとまりで，母音および母音・子音の組み合わせでまとまりと見なされる。モーラ mora とは拍とも言われ，音の長さによって区切られる。斎藤（2010）は「三匹」を例にあげて，「さん／び／き」の 3 音節，「さ｜ん｜び｜き」の 4 モーラを上げ，このようなモーラを持つ言語は少ないとしている。

4. 文法 grammar と形態論 morphology・統語論 syntax・文章論

　音声学や音韻論では，言語音の意味については研究対象とはなっていないが，「形態素」や「語」という単位になると，意味との関連が検討対象になってくる。そうして，単語から「文」が作られ，文が集まって「文章」が組み立てられることになる。

　こうして，細かい単位が集まって大きな単位が組み立てられる際には，一定の規則があり，文法 grammar と言われる。そこで，語の構造を研究するのが「形態論」，文の構造を研究するのが「統語論」，文章の構造を研究するのが「文章論」と言われる。

　まず「語 word」から検討したいが，そもそも「語」を定義するのは難しい。たとえば，「放送大学」は1語であろうか？　「放送」という語と「大学」という語とが組み合わされた，つまり2語から成っているということだろうか？　結論を書いてしまうが，当該の語が「意味されているもの（シニフィエ）」をどのように捉えるかによって，語の定義の仕方が異なってしまう，ということである。「放送大学」という千葉幕張にある大学の校舎全体をイメージすることもできるし，「放送」されている「授業番組による大学」と規定することもできる。英語名 Open University of Japan を知っている読者であれば，「公開大学 Open University」という異なった意味内容を思い浮かべるだろう。

　「形態素 morpheme」は意味を持つ最小の単位と言われる。上であげた例「今日はやく起きる」では，「今日」「はやく」「起きる」はそれぞれ語である。そしてたとえば「起きる」は，動作を表す「起き」と状態を表す「る」という形態素を区別することができるわけである。

　心理学や心理言語学ではあまり馴染みはないが，ここで「語彙素 lexeme」を取り上げよう。上で検討した「起きる」は，「起きる・起きた・起きよう…」といったように，中心となる1つのものの異なった形の1つの形を取ったと考えられるが，この中心となる1つのものを「語彙素」という。斎藤（2010）は以下の例をあげているので，読者にはそれぞれの数を確認してほしい。

	形態素	語彙素	語
「やま」	1	1	1
「ヤマネコ」	2	1	1
「頭が痛い」（＝「困った」の意味）	4	1	3

　こうして「語」を定義するのは難しいが「単語」というように曖昧ながらも区別されて実際に使用されていることは認めざるをえない。なお，語については「内容語 content word」対「機能語 function word」に区別されることをつけ加えておこう。内容語は語彙的な意味を持つ語，機能語は文法的な機能を持つ語と言われる。「放送大学」「今日」「はやく」「起きる」などここまであげてきた例は内容語である。機能語としては，代名詞・前置詞・接続詞・助動詞・冠詞などがある。

　日本語は，「起きる・起きた・起きよう…」の例で示したように，内容語に接辞がついて文法的な意味を表しているが，このような言語は「膠着語」と呼ばれる。中国語や現代英語などは，語は語彙的意味のみを持ち，語順で文法的な意味を表している言語であり，「孤立語」と言われる。語彙的な意味と文法的な意味とが融合している言語は「屈折語」と言われ，ドイツ語やロシア語などが例となる。

　つづいて，「文」について検討しよう。「文」の定義も容易ではないが，日本語の書き言葉であれば，句点「。」で区切られたものと定義するこ

とはできるだろう。上で，単語から「文」が作られ，と書いたが，言語学の概念としては，文を構成する要素は「構成素 constituent」と言われる。構成素は統語的な性質を担っており「統語範疇 syntactic category」と言われる。統語範疇は「語彙範疇 lexical category」対「句範疇 phrasal category」に区別される。語彙範疇としては，名詞，動詞，形容詞，副詞，前置詞・後置詞などが，句範疇としては，名詞句，動詞句，形容詞句，前置詞・後置詞句などが相当する。こうして，文の構造は，樹形図 tree diagram または枝分かれ図 branching diagram を使って，明示的に示すことができる。これを斎藤（2010：75）があげている具体例で検討してみよう（図3‐1）。

「太郎と花子のお父さんが映画を見た」という文は，太郎と花子が兄弟の場合と兄弟でない場合とに解釈することができ，曖昧な文であるが，このように構造を示すことで文の意味を明示できて便利であろう。一方で，このように文の構造を検討する考え方は「文法理論」と言われており，研究者によってさまざまな文法理論が提唱されている。そして，文法理論によって，このような構造の示し方は異なってくることも事実である。心理学，特に，心理言語学や認知科学に馴染みがあるのは，Chomsky の生成文法であろう。しかし，生成文法の最新の研究成果をフォローするのは極めて困難であると急ぎつけ加えておきたい。ここで示した樹形図は言語の表層構造（外から見える構造）を示しているに過ぎないが，生成文法では，深層構造 deep structure を想定して，深層構造から表層構造 surface structure が得られる（これを「生成」という）のだと主張されている。

最後に「文章」について検討しよう。国語学では「文章論」と言われてきた研究領域である。海外では，「テクスト言語学 text linguistic」や「談話分析 discourse analysis」と言われてきた。テクストは字義的には

［太郎と花子が兄弟の場合］

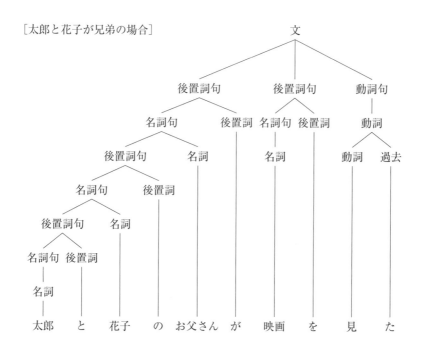

［太郎と花子は兄弟でない場合］

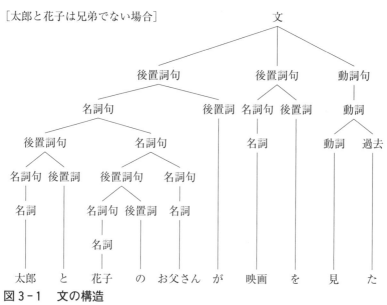

図 3-1　文の構造

（斎藤（2010：75）図 3，図 4『言語学入門』三省堂より作成）

書かれたもの，談話は話されたものであるが，それぞれがそれぞれを含んで研究されているとも言える。ここでは「文章論」としておく。

　文章論では「テクスト性 textuality」が検討されていると言える。上で，「文章」は，文を連ねてつくられた，意味の（より大きな）まとまりをもった単位と書いたが，この「意味のまとまり」のことである。上であげた例であるが，

　　今日　はやく　　起きる

　　明日　ゆっくり　寝る

　　来週　すぐに　　発つ

を再度検討してみよう。上では，それぞれ別の文としてあげたのであるが，文章の例として，読者はテクスト性を認めることはできるだろうか？

　まず，それぞれの文の形式面を見てみると，同じ形式の文の連なりであるとは言えよう。「今日」「明日」「来週」と時間を示して，それぞれの時間に「起きる」「寝る」「発つ」という動作を，「はやく」「ゆっくり」「すぐに」というやり方で行うということを示していると解釈することができる。通常，形式面でのテクスト性をあげるとしたら，文の間に接続表現を入れて，「今日はやく起きた」「けれど」「明日ゆっくり寝る」というような表現を取ることもできるし，読み手や聞き手がそのような接続詞を補ってしまうこともあるだろう。また，この例では，話し手の「独白」とか「決意」といったような「主題」や「視点」を導入することも可能であろう。また，各文に，それぞれの日の行動の詳細を予想することも可能であり，この3文が全体構造を示していると解釈することもできるだろう。このように，テクスト性の内，形式に関わることは「結束性 cohesion」と言われる。一方で，この例では，「時間」と「行動」という内容が表現されており，上のような解釈を促進しているということもある。このようにテクスト性の内，内容に関わることは「一貫性 coherence」と言われる。

5. 意味論 semantics・語用論 pragmatics

　ここまでは，言語の構造の側面ということで，「音声」「音素」「形態素」「語」「文」「文章」「談話」といった単位毎に，言語学の下位領域を検討してきた。その中ですでに述べてきているが，「意味」と関わることを無視することはできないが，これは，言語の機能という側面として捉える方が良いであろう。そして，「意味」と関わることは，心理学や心理言語学，認知科学などの観点からの研究に大いに関わっていることは，繰り返しになるが，ここでも指摘しておきたい。

　そこで，「意味論」という研究領域から検討していこう。しかし，やはり「意味」を定義するのは困難である。上で「放送大学」を例にして検討したが，ある種のイメージや概念ということで，「意味されているもの（シニフィエ）」と同語反復的になるが捉えておくしかないであろう。

　すでに検討してきたように，意味は，語のレベルから，句・文のレベル，そして，文章のレベルで捉えることができる。いずれも心理学や言語心理学での研究対象となっている。たとえば，単語レベルの意味ということでは，心理学者のオズグッドによって1950年代に開発された「SD法（意味微分法 semantic differential method）」は一般の読者にも馴染みがあるだろう。

　さて，「意味論」には，「形式意味論 formal semantics」対「認知意味論 cognitive semantics」と２つの立場がある。形式意味論は，いわば人間抜きに，つまり，実際の言語使用を考慮しないで，言語外の世界にはある種の秩序があり，それが言語という記号に反映していると捉えている。一方の認知意味論では，意味は人間の中にあり，言語はその概念を

示していると捉えている。そうして,「認知言語学 cognitive linguistics」
という研究領域もあり,認知心理学や認知科学からの研究も蓄積されて
いる。認知言語学での研究から見出されたいくつかの概念を検討してい
こう。

　人間は,まわりのものをいくつかのカテゴリーに分類して,言葉で表
している。形式言語学の立場であれば,そもそもカテゴリーは客観的に
定義することができるので,カテゴリー間には明確な境界があり,カテ
ゴリーのメンバーは共通する属性で記述することができることになる。
しかし,カテゴリーの定義は人間の生活に関連しており,カテゴリーの
メンバーは「家族的類似 family resemblance」と言われるが,全体的な
類似度によってメンバーが認められる。このような特徴は「カテゴリー
化 categorization」と言われる。あるカテゴリーにおいて,それを代表
するメンバーは「プロトタイプ prototype」と言われる。人間の言語の
概念化のレベルについては,「基本レベル basic level」と言われている。
たとえば,動物に関する名詞は,「イヌ」「ネコ」「カエル」というよう
な語が一般的であり,習得されやすく,使用頻度が高いが,動物学的な
概念としては「生物>動物>哺乳類>ネコ>ペルシャネコ」となってい
るが,「ネコ」というレベルでの語彙が多く（基本レベル）,それより下
位の概念では複合語を使うことが多いが,上位の概念の方が数は多いが
語は少ないと言われる。

　人間は新しい事態を表す際には,比喩 metaphor を使うことも知られ
ている。その際,より抽象的な概念をより具体的な概念で理解しようと
いうことで,人間の認知の特性と考えられているということである。

　以上のように意味を検討していくと,人間の認知はその言語に依存し
ていると考えることも可能になってくる。上で,ド・ソシュールの考え
方を紹介した際にも触れたが,これは,言語相対性仮説と言われ,アメ

リカの言語学者であるサピア（E. Sapir）とウォーフ（B. Whorf）が提示したことから，サピア・ウォーフの仮説 Sapir-Whorf hypothesis とも呼ばれている。

　ここまで，「意味」をめぐる議論は困難を伴うと繰り返して述べてきたが，その理由の1つに，人間の実際の言語使用の場面では，文脈 context を無視することができないから，ということがある。「語用論」は，文脈を正面から対象にしている研究領域である。「言外の意味」という言い方もある。斎藤（2010）が，語用論はパロールを，意味論はラングをそれぞれ研究対象としていると述べていることも参考になるだろう。そこで，語用論での研究テーマを簡単に検討していこう。

・発話行為理論 speech act theory

　オースティンの提唱した理論である。発話とは何らかの行為を遂行するという機能を持つのだということである。そこで，遂行される発話行為として，発話行為 locutionary act，発話内行為 illocutionary act，発話媒介行為 perlocutionary act，を区別できるとしている。

　たとえば（締め切り後に）「レポートは明日には必ず提出します」という発話は，音声的にも文法的にも正しく発して文字通りの意味を伝える（つまり，発話行為）ばかりでなく，聞き手に対する「約束」という行為（つまり，発話内行為）をしており，聞き手に対して「安心」をもたらす（つまり，発話媒介行為）というように聞き手の意識や行動に影響を及ぼしている，というように解釈することができるわけである。

・会話の格率 conversational maxims

　グライスは，会話において，言内の意味（つまり言葉で言われたこと）ばかりでなく言外の意味も解釈されるのは，話し手が協調の原理とそれを具体化した4つの会話の格率とに従っていると考えた。4つの格率とは，

量の格率：必要な情報量の発話のみをして，それ以上のことは言わない

質の格率：偽と分かっていること，根拠のないことを言わない

関係の格率：関係ないことを言わない

様態の格率：簡潔で明瞭に，順序立てて言う

である。これらの格率に従わないと，言外の意味，含意が生じると言われる。

・関連性理論

スペルベルとウィルソンにより，グライスの考え方を，人間の認知的な特性から拡張した理論と言われる。2つの原理を立てている。

関連性の認知原理 cognitive principle of relevance：人間の認知は関連性を最大にするように調整される。最小の努力で最大の効果を得るような処理を行う。

関連性の伝達原理 communicative principle of relevance：明示的な伝達行為（つまり，聞き手に何かを知らせたいことがあり，それを聞き手に知らせたい）を行う時には，話し手は自分の発話から聞き手が努力なしに十分な文脈効果を得ることができることを伝える。

関連性理論では，意味は次の3つを区別している。

言語的意味 linguistic meaning：語彙や文法など表現そのものからのみ得られる意味

表意 explicature：表現そのものとコンテクストから得られる意味で，言語的意味を拡充したもの

推意 implicature：表現そのものと，コンテクストから推論によって得られる意味

・ポライトネス

会話とは情報伝達の行為と同時に，相手との人間関係に配慮しながら

行われる。リーチはポライトネスの原理 politeness principle として, 6
つの格率を提出している。

　気配りの格率：他者の負担を最小に, 他者の利益を最大に
　寛大性の格率：自分の利益を最小に, 自分の負担を最大に
　賞賛の格率：他者の非難を最小に, 他者の賞賛を最大に
　謙遜の格率：自分の賞賛を最小に, 自分の非難を最大に
　同意の格率：自分と他者との意見の不一致を最小に, 意見の一致を最大に
　共感の格率：自分と他者との反感を最小に, 共感を最大に

・会話分析 conversational analysis

　会話の進展や構造を, 会話の詳細な観察から帰納しようというもので
ある。話者交代, 会話の開始と終了の仕方, 言い直し, などを観察し,
そこにルール, 仕組みがあることなどが見出されている。

　会話分析という研究領域の成立については, 社会学者のガーフィンケ
ルのエスノメソドロジーと同じく社会学者のゴフマンの社会的相互作用
との関わりから, サックスらが開拓したと簡単に述べておくにしたい。

6．文字論

　「文字」は, 紙などに書かれる線からなるものであり, 書き言葉の媒
体としての実質を担っている。なお, 話し言葉のみの, 文字を持たない
言語もあることは急ぎ追加しておく。

　文字論では大まかには 2 つの観点から研究されている。まず, 文字の
歴史に関する研究である。たとえば, 日本語では, 文字は独自発明され
ずに, 支那から漢字を取り入れるばかりか仮名を作ったと言われる。ま
た「旧仮名遣い」で書かれた文字に愛着を感じる人がいることも, 一般
の読者にも馴染みがあるだろう。

　もう 1 つの観点は, 文字の機能に関する研究であり, 文字の性格といっ

た研究テーマから，文字と文化との関係といったテーマまでさまざまな研究があり，心理学や心理言語学として研究との関連も深いものである。斎藤（2010）は「記録」という機能を想定していることも参考になるだろう。

　文字の種類ということで，字がそのまま意味を表す「表意文字」，文字がそのまま単語に相当する「表語文字」，文字が音に対応している「表音文字」に区別されている。さらに，表音文字は，文字が音節の単位に相当する「音節文字」と，文字が音素の単位に相当する「音素文字」に区別される。日本語で使われている仮名は音節文字，漢字は表語文字である。英語などでのアルファベットは音素文字である。代表的な表意文字としては，アラビア数字や数学記号がある。

7.「新しい言語学」について

　本章のまとめも兼ねて，滝浦（2018）を手がかりに，言語学の状況について私見を述べておきたい。

　滝浦（2018）は，近代言語学の始まりをド・ソシュールとし，その影響もあり構造主義の考え方が主流となり，その極みとしてチョムスキーの生成文法を捉えている。そして，「少し大胆な言い方が許されるなら（p.21）」と断っているが，チョムスキーまでの言語学を「旧言語学」として，「人間と人間の文化の特別かつ普遍的な仕組み」を研究対象にしてきたとしている。それに対して「新しい言語学」には，「心理学的能力や社会的コミュニケーション能力の結実したものとして言語を捉える（p.21）」という観点があり，具体的には「認知言語学」「言語習得論」「語用論」「談話分析」「会話分析」「社会言語学」と呼ばれる研究に結実しているとしている。

　上で，斎藤（2010）が，音韻論・意味論がラングを，音声論・語用論

がパロールを研究対象としていることを紹介した。ド・ソシュールは，ラングが言語学の研究対象であるとしていたが，チョムスキーの生成文法はランガージュをも研究対象としていたとみなすことができるだろう。一方で，語用論以外の「認知言語学」「言語習得論」「談話分析」「会話分析」「社会言語学」はパロールを研究対象としていると捉えることができるだろう。

　第 5 章で検討するが，このような研究対象の揺れについては，研究方法の進展ということが関係していると言えるだろう。つまり，ICT の進展によって，生の言語データを記録し，分析することができるようになってきたばかりでなく，その分析手法自体を支援する ICT を利用した各種のシステムが提案されてきている。こうして，実際に人間によって使われている生の言語に関する研究もまた進展してきている，ということである。

学習課題

　第 1 章の演習問題で見出した事例と，言語学との関係を考えてみよう。

引用文献

丸山圭三郎（編）(1985).ソシュール小事典　大修館書店

斎藤純男（2010).言語学入門　三省堂

滝浦真人（2018).なぜ「新しい言語学」か？―新旧の違い―　滝浦真人（編).新しい言語学―心理と社会から見る人間の学―（pp.9-24)　放送大学教育振興会

参考文献

オースティン, J. L.　坂本百大（訳）(1985).言語と行為　大修館書店

チョムスキー, N.　川本茂雄（訳）(1985).言語と精神　河出書房新社

グライス, P.　清塚邦彦（訳）(1998).論理と会話　勁草書房

ゴフマン, E.　浅野敏夫（訳）(2002).儀礼としての相互行為　法政大学出版局

岩下豊彦（1979).オスグッドの意味論と SD 法　川島書店

リーチ, G.　池上嘉彦・河上誓作（訳）(1987).語用論　紀伊國屋書店

水川喜文・岡田光弘・前田泰樹（編）(2007).ワードマップ・エスノメソドロジー　新曜社

サックス, H.・シェグロフ, E. A.・ジェファソン, G.　西阪　仰（訳）(2010).会話分析基本論集：順番交替と修復の組織　世界思想社

スペルベル, D.・ウィルソン, D.　内田聖二他（訳）(1993).関連性理論：伝達と認知　研究社出版

滝浦真人（編）(2018).新しい言語学―心理と社会から見る人間の学―　放送大学教育振興会

滝浦真人（編）(2020).日本語学　放送大学教育振興会

滝浦真人　言語研究法（'19）　放送大学（オンライン授業）

4 │ 対象（3）生物，生理，障害の観点から

《目標＆ポイント》
（1）言語行動を支える生物学的，神経生理学的な機構について理解する。
（2）言語行動の障害について理解する。
（3）言語学の研究領域と心理学との関係を理解する。
《キーワード》 運動性，脳神経系，進化，ヘッブの法則，脳機能の局在化，ブロードマンの脳地図，ブローカ野，ウェルニッケ野，ペンフィールドのホモンクルス，発話の連鎖，障害，視覚障害，聴覚障害，運動障害，内部障害，言語障害，失語症，ブローカ失語（皮質性運動失語），ウェルニッケ失語（皮質性感覚失語），超皮質性運動失語，超皮質性感覚失語，伝導失語，健忘（失名詞）失語，読字障害（ディスレクシア），学習障害，言語産出，言語理解，コンテンツ，活動，ICT

1. 生物の観点から

　人間は動物であり，生物である。言語行動を含めて，人間が行動をする際には，諸器官が機能して，運動性を有していることが前提である。あるいは必要条件である。人間は2本足で立ち，2本の手を自由に使う。生物も物体であるので，運動性には，物理法則が適用される。さらに，運動性を司っているのが，脳神経系である。心理学においては，脳神経系を含めて生理学が対象とする器官の機能と構造とを研究する領域として，生理心理学がある。また，脳損傷患者の機能障害から脳の各部位と

精神機能との関係を解明することを目的としている神経心理学という研究領域も関連している。

　一方で，生物学に限らず，心理学においても，進化の考え方の大切さも強調されるようになってきている。言語行動を含めて，人間の行動を研究する際にも，系統発生的な観点から有益な知見が集積されていると言えよう。心理学においては，比較心理学という研究領域で，さまざまな生物間の比較を行って，最終的には人間についての理解を深めようということである。その際に，安易に進化の考え方を採用するのではなく，種の独自性を評価することも大切であることは指摘しておきたい。

2. 生理，特に脳神経系について

　人間の脳神経系も，他の器官と同様に，個体発達とともに成長していく。文字通り，経験を通して，脳神経系も日々変化していく。この成長や変化の過程を記述していくこと自体，極めて困難であることは言を待たない。成人では，基本単位のニューロンの数は億という単位である。最近の脳機能測定技術の進歩により非侵襲型の測定方法を駆使しても，かなり困難であると言えよう。

　経験を通した変化，つまり「学習」については，ヘッブの考え方を検討しておこう。脳神経系は，ニューロンの複雑なネットワークからなっており，ニューロン間で情報伝達が行われている。そこで，あるニューロンから別のニューロンへの情報伝達が繰り返し行われると，ニューロン間の情報伝達の効率が高まるということをヘッブは考えたわけである。この情報伝達の繰り返しによって，ニューロン間の結合部のシナプスに長期的な変化が引き起こされる，これによって「学習」が成立する，というわけである。以上は「ヘッブの法則」として知られていることであり，「学習」を支える脳神経系の機能と構造との大きな枠組みとして

は，現在にも通じる考え方と言えるだろう。

　脳神経系の中でも，脳が中心的な役割を果たしている。そこで，脳の構造と機能とについては，脳機能の局在化（機能局在 functional localization）ということが大枠としては認められていると言えよう。たとえば，蔵田（2015）が書いているように「特に大脳皮質では細胞構築の違いにより」，さらに，「霊長類ではより高等になるほど新皮質の発達が著明であり，新皮質が大脳皮質の大半を占めているが，新皮質内では機能局在の多様な分化が進んでいる」ということである。そこで，たとえば「脳地図」という概念で，この脳機能局在の具体的な姿が示されてきたものである。

　脳地図については，ブロードマンのそれが有名である（図4-1）。その詳細については「脳科学辞典」などを参照してほしいが，膨大な研究が蓄積されていることが分かるだろう。

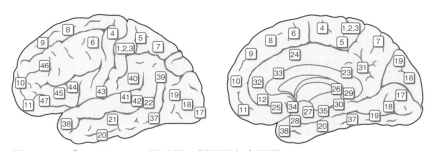

図4-1　ブロードマンの脳地図　側面図と内面図
（蔵田（2014）『脳科学辞典』より作成）

3．言語中枢について

　ここでは，犬伏・酒井（2014）を参照しながら，本科目が全体として対象としている「言語行動」に関することのみを簡単に検討することにとどめたい。

　言語中枢とは言語に関連する脳の部位のことを言う。そもそも言語中枢という特定の部位があるというのは激しい論争の的になっているが，いくつかの領域が言語機能に関連していることが示されてきていることも事実ではある。

　その中で有名なのが「ブローカ野」と「ウェルニッケ野」である。いずれも発見者である研究者名から名づけられている。いずれもブローマンの脳地図との対応が確認されているが，議論が続いている，つまり研究が終わっていないことも事実である。

　ブローカ野は，ブローカ（Paul Broca, 1824-1880）によって1861年に発表された失語症研究によると言われる。その症例では言語の理解の面は保持されていたが，発話に大きな障害が見られた。その損傷箇所は，ブロードマンの脳地図では44／45野に相当するとされるが，現在でも議論が続いているという。

（A）　運動性・感覚性失語モデル

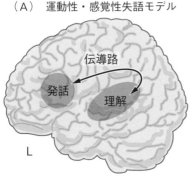

（B）　言語処理のモジュール構造

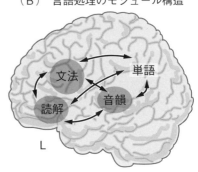

図4−2　言語処理モデル
（犬伏・酒井（2014）『脳科学辞典』より作成）

　ウェルニッケ野は，ウェルニッケ（Carl Wernicke, 1848-1905）によって1874年に報告された失語症研究によると言われる。その症例では流暢な発話は保持されていたが，言語の理解に障害が見られた。その損傷箇所は，ブロードマンの脳地図では22野の後部に相当するとされる。

　言語中枢については，この「ブローカ野」と「ウェルニッケ野」，及びそれらを結ぶ伝道路を想定した言語処理ネットワークのモデルが提出されていた（図4-2（A））が，近年の研究から，多数の領域が言語処理に関わっていることからモジュール構造が提出されている（図4-2（B））。

　さて，言語行動については，言語中枢ばかりでなく，実際の言語を使う，つまり，言語を話す，言語を聞く，言語を書く，言語を読む，ということが実行される必要があるが，これらは，体性感覚野と運動野とが関わっている。これについても有名なペンフィールドの体性地図を参照して検討してみよう（図4-3）。この図は，ペンフィールドのホモンクルス homunculus（小人間像）としても知られているが，体性感覚野と運動野とを囲んで，人間の身体が描かれており，身体部位と部位とのおおよその対応を示している。運動野では，手と指先までと，顔と口まわ

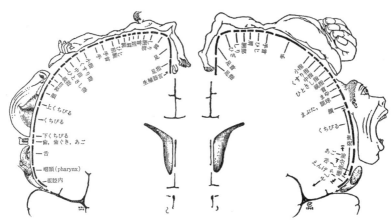

図4-3　体性感覚野と運動野
（ペンフィールド『脳の機能と行動』福村出版，61，78ページより）

りとが，対応する領域の面積が大きくなっていることが分かるだろう。これは，人間にとっては，言語を話す，つまり発声のために，また発声に伴う表情などを示していくために，そうして特に手を使って道具を使うために，多くの神経組織が関わっているのだということである。

4．発話の連鎖から

そこで，次に，その発声を例にして，どのようにして発声という運動が行われているかを検討しよう。その際に，「発話の連鎖 speech chain」という考え方を参考にして検討していこう。

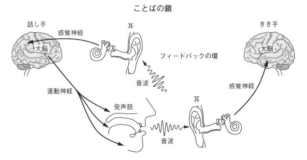

図 4 - 4　発話の連鎖 speech chain
（デニシュ・ピンソン（1966：4）図1.1より作成）

検討の便宜上，話し手から検討を始めるが，実際には，聞き手の（発話以外の）行動から話し手が発話を始める場合や，話し手と聞き手との発話が重なったりする場面も多々あるので，あくまでも，実際の場面のことではなく，理想的な場面を想定していることは断っておきたい。

発話の連鎖は，話し手の発話が聞き手に達するまでに，どのような過程を経るのかを示している。

　話し手は，まず，言語学的段階ということで，伝えたい内容を表現するために，適切な語を選び，それらの語を文法規則に沿って文にする。場合によっては，文をさらに組み合わせて文章にすることもありえるし，単語のみの場合もある（が，以下は文のみで検討する）。以上は，大脳の言語中枢で行われる。そうして文を実際に発声する訳であるが，次の生理学的段階になる。つまり，大脳からの指令が運動神経を伝わって，発声器官である舌，口唇，発声筋などへ送られて，発声が行われる訳である。そうして，次の音響学的段階に入り，発声器官の運動により，音波が作られる訳である。

　続いて聞き手の生理学的段階に入る。つまり，聞き手の耳とそれに関連する聴覚器官に届いた圧力の変動が，聞き手の聴覚機構を作用させて，神経インパルスを起こし，聴神経を経て聞き手の大脳に届く訳である。最後に聞き手の言語学的段階に至り，感覚性言語野において伝達された神経インパルスを解釈して，話し手が話した文を聞き手が理解する，という訳である。

　また，話し手から発生された音波は話し手自身の耳にも伝わって，話し手の聴覚機構から大脳に伝わり，その内容を理解する訳であるが，これは「フィードバックの環」と言われる。なお，ここで言語学的段階というのは脳神経系（図 4 - 5）において行われることを前提としているので生理学的段階として必要であると言うことはできるであろう。そして，それで十分であるか否かが議論

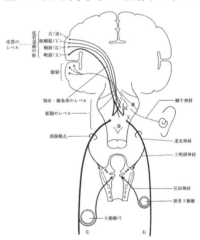

図 4 - 5　発声の神経支配
（南山堂「新耳鼻咽喉科学」より）

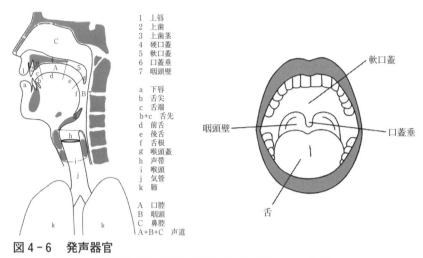

図4-6 発声器官

（三省堂「日本語音声学入門　改訂版」より作成）

のポイントということであろう。

　続いて，発声器官において，どのように発声が行われるかについて検討していこう。これは，第3章で触れた「音声学」における「調音音声学」の研究対象である。ここでは，斎藤（2006）によって検討しておこう。

　まず発声器官から検討しよう（図4-6）。口の上部は，外側から，「上唇」「上歯」「上歯茎」と呼ばれ，続いて「口蓋」と総称されるが，内部にある骨の有無から，骨があって硬い「硬口蓋」，骨がなく軟らかい「軟口蓋」が区別される。口蓋の一番後ろで垂れ下がっている部分は「口蓋垂」，そして，口を開けて奥に見える壁を「咽頭壁」という。口の下部は，外側は「下唇」，次に歯があるが，発声には不要であるのでこの図では指示されていない。次が舌であるが，発声を記述するために，舌の部分を区別する必要があり，上部の器官を基準して区切られた。まず安静状態で硬口蓋と向き合っている「前舌」，それより前を「舌端」，後ろ

の軟口蓋と向き合っている「後舌」，一番奥で咽頭壁と向き合っている「舌根」と言われる。なお，舌の先端はよく動くので特別な名称が必要であり，舌の一番先っぽを「舌尖」と，この舌尖と舌端を合わせて「舌先」と言われる場合もある。

　喉には「喉頭」という軟骨で囲まれた器官があり，呼吸に伴って空気が通過する。喉頭の中には「声帯」と呼ばれる 2 本の筋肉がある。この 2 本の筋肉は開閉可能である。この 2 本の筋肉の間の隙間 j は「声門」と言われる。喉頭の奥には「気管」が，その奥に「肺」がある。喉頭には，蓋をする「喉頭蓋」という器官があり，食べ物などが気管に入らないようにすることができる。

　喉頭から唇までの空間の内，舌と口蓋と両頬に囲まれた部分は「口腔」と，舌根と咽頭壁に囲まれた部分は「咽頭腔」と，鼻の中の空間は「鼻腔」と言われる。そうして，喉頭から口，鼻の端までの気流の通り道全体は「声道」と言われる。

　続いて，調音のされ方について検討していこう。ここでは，音声の最小単位である音（単音または分節音）のみを検討しておこう。

　音を発するためには，空気の流れを作る（これを「気流の起こし」という）必要があるが，肺を使う「肺臓気流機構」，喉頭を動かす「喉頭気流機構」，舌と軟口蓋を使う「軟口蓋気流機構」の 3 種類と，気流の方向が，中から外への流出と外から中への流入の 2 種類あり，これらを組み合わせて 6 種類の気流がある。ここで，肺に流入する気流と，軟口蓋から流出する気流とは音を発するためには使われないので，実際には，4 種類の気流となり，別々の単音グループが対応している。すなわち，喉頭気流機構・流出が「放出音」，喉頭気流機構・流入が「入破音」，軟口蓋気流機構・流入が「吸着音」と言われる。

　肺臓気流機構・流出については特段の名称はつけられてないが，発声

の代表的な部分を占めているということでもある。つまり，肺から流出
した気流は喉頭を通るが，喉頭の中にある声帯の動きによって，声門が
完全に閉じた状態から大きく開いた状態まで変化して，異なった性質の
気流に変化するということである（図4‐7）。この声帯が気流に対して
行う働きを「発声」と言う。こうして，2本の声帯が近づいて声門が狭
まった状態にあると，声帯は気流の力学的な影響から，閉鎖と開放とを
繰り返してブルブルと振動するが，この状態は「有声」と言われる。逆
に，2本の声帯が離れて声門が広く開けられていると気流は影響を受け
ずに声帯も振動しないが，この状態は「無声」と言われる。

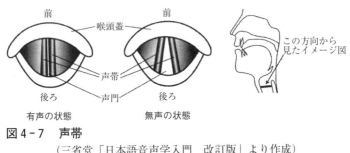

図4‐7　声帯
（三省堂「日本語音声学入門　改訂版」より作成）

　最後に「調音」の過程がある。喉頭より上の器官である調音器官をさ
まざまに動かして，気流にさまざまな影響を与えて，いろいろな音を作
り出している，ということである。母音と子音との区別は，この調音の
過程で行われる。つまり，母音は気流が妨げされずに口腔を通過する音
であるのに対して，子音は気流が止められたり狭められたりしてできる
音である。母音は，唇の丸さを変えたり，舌の高い位置を変えたり，舌
の高さを変えたりして，別の母音として発せられることになる。
　一方で子音の調音は極めて複雑である。気流を妨げる場所（唇，歯茎

など）と気流の妨げ方（完全な閉鎖，鼻から抜ける，隙間がある，など）とによって，異なる子音として発せられることになるが，詳しい検討は省略する。

　このように発話の中の発声，さらにはその発声という運動について検討してきたが，ここで検討してきた意図は，このような運動を支えている，脳神経系についてあらためて認識を深めて欲しいからである。上で，ペンフィールドの体性地図を検討したが，その運動野では顔と口まわりとが，対応する領域の面積が大きくなっていることの意味ということである。

5. 障害について

　上で「発話の連鎖 speech chain」という考え方を検討したのは，障害について検討する参考になるからでもある。そして，発話の連鎖では，話すと聞くとの連鎖であるが，読むと書くとの連鎖についても，同様に捉えることができることもある。端的には，この連鎖のどこかで異常が起きれば，いわゆる「ことばの障害」が生じやすくなるということである。

　この異常については，身体的な異常と精神的な（心理的な）異常とに大別される。身体的な異常の部位によって，視覚障害，聴覚障害，運動障害，内部障害，そして言語障害が区別される。精神的な異常によって，精神障害が見られることになり，発達障害や知的障害などが区別される。

　上で，脳機能の局在化について検討した際に「ブローカ野」と「ウェルニッケ野」について触れたが，それらの研究の発端は脳損傷という症例であった訳であるが，その結果として失語症という状態に陥ったということであった訳である。失語症は，言語障害の1つである。言語障害は，構音障害や吃音症などの音声機能の障害と，失語症もその1つであ

るが言語機能の障害とに区別されている。

　失語症について，神経心理学的な研究から，その診断方法も研究対象となっている。上で「ブローカ野」と「ウェルニッケ野」を検討した際にも触れたが，「発話の流暢性」「聴覚的な言語理解」さらには最近では「復唱」や「書字」「読解」などもその診断の基準としてあげられて，失語症のさまざまな種類が区別されるようになってきている。まず，これらの診断基準のすべてで困難が生じる「全失語」がある。「ブローカ野」と「ウェルニッケ野」との損傷による失語症は，それぞれ「ブローカ失語（皮質性運動失語）」と「ウェルニッケ失語（皮質性感覚失語）」と言われる。ブローカ失語は発話の流暢性と書字とに困難が生じるが，聴覚的な言語理解や読解には困難は生じない。ウェルニッケ失語は発話の流暢性や書字には困難は生じないがその内容に錯乱が見られ，聴覚的な言語理解，読解ともに困難が生じる。ブローカ失語もウェルニッケ失語も復唱には困難を生じると言われる。一方で復唱には困難が生じない失語症ということで，発話の流暢性と書字とに困難が生じるが聴覚的な言語理解や読解には困難は生じない「超皮質性運動失語」と，発話の流暢性や書字には困難は生じないがその内容に錯乱が見られ，聴覚的な言語理解，読解ともに困難が生じる「超皮質性感覚失語」とが識別されている。さらには，復唱のみに困難が生じる「伝導失語」や，ある特定のカテゴリーの名詞に限定的な障害が生じる「健忘（失名詞）失語」などが識別されているが，障害の内容や程度によってさまざまな失語症があり，さらには，それらの複合型や移行型があることも知られている。

　「ことばの障害」ということで最近取り上げられることの多い「読字障害（ディスレクシア）dyslexia」についても簡単に検討しておこう。読字障害は読みの障害であるが，同時に書字にも障害が現れることが多いので，「読み書き障害」とも言われる。読字障害とは，中枢神経系に

原因がある「学習障害 learning disability（LD）」の１つであり，全般的な認知発達には問題はないが，一部の知的な能力に問題がある障害を言い，読字障害は，特に読み書きという能力に困難が生じるということである。

　第３章の「文字論」で触れたように，世界の言語には文字を持たない言語が存在している。つまり，文字とは文字通り人間が発明したいわば人工物である。そのために，読み書きに関わる能力は生得的に備わっているというよりも，後天的に，端的には，学習によって習得していくしかないものである。言語中枢の観点からも特定の脳の部位が，読み書きに関わる機能を担っているということも明確ではないということもある。

　日本では伝統的に識字教育が盛んに行われてきたこともあり，また，日本語の特徴として，漢字は文字としては複雑であるが意味を取りやすかったり，仮名の読み方はそれほど複雑ではないために，この読字障害については今までそれほど注目されてこなかったと言える。しかし，近年のグローバル教育の推進によって，たとえば，英語を低年齢から学習するとか，ICT 教育の推進といったことから，伝統的な識字教育の行末にも不安を感じる向きもあるだろう。このような点からも，読字障害についての研究は今後蓄積されてくることが期待されていると言えよう。

6. 言語行動の分類：活動の観点から

　第３章から本章まで，「対象」と題して，本科目「学習・言語心理学」の「対象」について検討してきたが，その最後に，あらためて，本科目の担当者として，科目を統合した対象としての「言語行動」について検討してみたい。これは，言語学の研究領域と心理学との関係についての私見であると言っても良いだろう。

　第1章で，1962年創刊の専門誌「Journal of Verbal Learning and Verbal Behavior」が1985年に「Journal of Memory and Language」という名称に変わったことを述べた。第2章で記憶の分類について検討したが，まさにその内容が，この誌名の一部「記憶 memory」であった訳である。そこで，残りの「言語 language」については，第3章で「言語学」を検討し，本章では言語行動の内の主に「話し言葉」つまり発声という行動を例にして，その神経生理や運動の機構について，さらには障害について検討してきた訳である。

　第2章で紹介した太田 (2008) があげていた「記憶」の例であるが，「日本語を話す」を検討してみる。一般的には，「言語を話す」「発話」ということであるが，これが「記憶」であるというのは，「発話」を情報処理として捉えることができる，つまり，情報処理の過程（プロセス）と結果とを想定することができる，ということである。そうして「発話」には，第3章で検討したように「言語学」の下位領域として「音声学」から「語用論」までさまざまな領域があり，それぞれの研究対象がある訳であるが，たとえば，日本語の音素，語，文，文章という単位での構成要素や統語規則について「記憶」をして，組み合わせるという「処理」をして，「発話」が実行されるということであり，それを対象にした心理学研究が蓄積されているということである。また，単に「発話」を実行するだけでなく，より望ましい「発話」を習得するための学習方法や訓練方法を開発するといった心理学研究が蓄積されているということでもある。

　それでは，この望ましい「発話」とは何かということになるが，たとえば，「論理的に正しい」とか「聞きやすい」とか「感動を覚える」ような「発話」ということであり，たとえば，「論理的思考」「推論」といったような研究テーマ，「感情」や「感動」と関連する研究テーマ。それ

らがどのように発達するかということで「認知発達」という研究テーマなどがあり，これらは，「感覚（・）知覚心理学」や「認知心理学」の下位領域であると言えることも事実である。

　同じことは，言語行動の別のモードとしての，「言語を聞く」「言語を読む」「言語を書く」についても当てはまる。たとえば，「言語を書く」しかも「言語を効果的に書く」ということで，「作文」についての情報処理モデルが提出されて，そのモデルに基づいた効果的な「作文教育」についての認知心理学研究がある。

　さて，言語行動の4つのモードについては，「言語を話す」と「言語を書く」をまとめて「言語産出」，「言語を聞く」と「言語を読む」をまとめて「言語理解」という区別をすることも多い。そして，言語産出／言語理解についての情報処理モデルも提案されている。第3章で言語とは記号の1つであると書いたが，記号学の観点からは，言語産出については「記号表現」として，言語理解について「記号解釈」として，より大きな観点から捉えることも可能であろう。つまり，言語に限定せずに，さまざまなメディア，たとえば，絵や写真・動画などを利用して「表現」したり，そのように表現したものを「解釈」したり，ということである。そもそも言語を使ったコミュニケーションにおいても，身振り・手振りなどの非言語コミュニケーションも同時に行っていることもある。漢字を思い出す時に「空書」をするというのも，同じように捉えることができる。そうして，表現と解釈との対象はいわゆる「コンテンツ」であるとも言われる。メディアは媒介であるが，同時に意味内容にもなってしまう，ということである。

　こうして，第2章で検討した活動理論に基づく学習の分類とは，実は，コンテンツを対象とした学習であった，そのために，研究のための分析単位としては「活動」が適切であったというように捉えることが可能で

あろうということである。

　最後に，最近の ICT と言語行動との関係についても簡単に検討しておきたい。言語行動の4つモードを区別してきたが，ICT の進展によって，この区別にも影響が及んでいる，ということである。まず，ICT の進展以前から，タイプライターなど文字入力のための道具が使われてきた歴史がある。さらに，写真，レコードやテープでの録音機器やビデオカメラなどの道具によって，音声ばかりでなく文字を含めて「記録」することも可能になっている。そうして ICT の進展によって，音声入力・音声認識して文字出力したり，文字を画像認識して音声出力したり，さらにたとえば日本語と英語との間で自動翻訳したり，といったことは，かなりの程度実用化が済んでいると言える状態である。こうして，コンテンツの流通ということが，莫大な規模で実践されるようになってきていると言える。

学習課題

　第1章の演習問題で見出した事例は，心理学とどのような関係があるか考えてみよう。さらに，その関係に情報通信技術がどのように影響しているか考えてみよう。

引用文献

デニシュ, P. B. ・ピンソン, E. N.　神山五郎・戸塚元吉（訳）(1996).話しこと
　ばの科学：その物理学と生物学　東京大学出版会

犬伏知生・酒井邦嘉 (2014).言語中枢　脳科学辞典　DOI：10.14931/bsd.4833

蔵田　潔 (2015).機能局在　脳科学辞典　DOI：10.14931/bsd.966

太田信夫 (2008).まえがき　太田信夫（編）.記憶の心理学（pp.3-4）　放送大学教育
　振興会

斎藤純男 (2006).日本語音声学入門　改訂版　三省堂

切替一郎 (2013).新耳鼻咽喉科学　11版　南山堂

ペンフィールド, W. ・ラスミュッセン, T.　岩本隆茂ほか（訳）(1986).脳の機能
　と行動　福村出版

参考文献

D. O. ヘッブ, D. O.　鹿取廣人ほか（訳）(2011).行動の機構：脳メカニズムから
　心理学へ　上，下　岩波文庫　岩波書店

脳科学辞典編集委員会　ブロードマンの脳地図　脳科学辞典
　https://bsd.neuroinf.jp/（2020年2月28日）

石口　彰（編）(2019).知覚・認知心理学　放送大学教育振興会

坂井建雄・岡田隆夫 (2018).人体の構造と機能　放送大学教育振興会

高野陽太郎 (2013).認知心理学　放送大学教育振興会

内田伸子（編）(1998).言語発達心理学　放送大学教育振興会

5 │ 目的と方法

《目標＆ポイント》
（1）「学習・言語心理学」の研究目的について理解する。
（2）「学習・言語心理学」の研究方法について理解する。
《キーワード》　記述，予測，制御，観察，理論構築，仮説生成，仮説検証，因果関係，相関関係，独立関係，経験的研究，理論的研究，心理学研究法，実験法，調査法，観察法，面接法，検査法，介入研究法，実験計画法，準実験，操作化，操作的定義，課題分析，言語材料の基準表，エビングハウス，無意味綴り，言語コーパス，ログデータ

1. 学習・言語心理学の目的について

　第1章において，本科目「学習・言語心理学」は，①人の行動が変化する過程，②言語の習得における機序，という2つの領域を扱うのだ，ということを述べた。ここで，これらの領域を扱う目的は何であろうか？　つまり，研究者は，何を目的にして研究するのであろうか？

　一般的に科学の目的 purpose は，研究対象を記述 describe，予測 predict，制御 control することにある。このことは心理学においても，本科目「学習・言語心理学」が対象とする下位領域においても同様である。

　記述 description とは，観察 observation という方法を用いて，研究対象の性質を述べ立てることである。観察という方法は，科学の方法として認められていることが必要であり，そのための条件がある（後述す

る）。科学哲学では「観察の理論負荷性」という議論があり，観察が理論から独立していない可能性が指摘されているが，ここでは深入りしないで，理論とはある程度独立に観察を想定することができると見なしておく。

　科学者は，単に記述することだけにはとどまらず，その記述対象を説明しようとする。そこで，科学者は，何らかの理論やモデルを想定して，その説明を試みようとする。理論構築 theory building や仮説生成 hypothesis generation である。そうして，科学者が記述した状況とは別に独立した状況において，どのようなことが観察されるを予測して predict，本当に仮説が成り立つか否かをテストしようとするが，これを仮説検証 hypothesis testing という。こうして予測 prediction とは，理論や仮説に基づいて観察されるであろう結果を予め想定することである。

　制御 control とは，研究者がその研究対象の性質をより望ましい性質に変えようとすることである。理論や仮説に基づいた予測を，さらに進めて，研究対象の性質を変えようということであり，科学者の中でも，実践的なテーマに携わる研究者が持つ目的であると言えよう。

　本科目「学習・言語心理学」の対象である，①人の行動が変化する過程，②言語の習得における機序についても，研究目的である記述，予測，制御について検討を続けよう。

　「人の行動が変化する過程」について，記述という目的であれば，どのような行動が，どの程度変化するのか，変化する前から変化する過程，そして変化した結果まで，何がどのように変化したのかを記述するということである。予測であれば，このようにして記述することができたとして，そのように記述することができたのは何故であるのか？　構造と機能という観点から，変化する原因と結果とを特定したり，それを説明する構造を想定したりということを行い，何らかの理論を構築し，仮説

を生成することになる。そうして，実験や調査という記述とは別の場を設定して，そのような場ではどのような結果が得られるかを予測して，その仮説が本当に成り立つか否かを確かめてみる，つまり仮説検証を行うということである。最後の制御であれば，何か問題となる行動を直してあげたり，より高い遂行結果が得られるような行動にしてあげたり，ということを実験や調査によって仮説検証したり，何らかの実践をして確認しようとしたりする，ということである。

　「言語の習得における機序」についても，記述・予測・制御を同じように考えることができる。まず，記述ということで，言語のどのような側面が，拙い状態から賢い状態へ変化して「習得した」とみなすことができるのか，そこにどのようなメカニズムが働いていると言えるのか，やはり述べ立てるということである。予測については，どうして，記述したように言語を習得することができたのか？　その原因や機序はどのようであるのか？　何らかの理論を構築して，仮説検証しようとするであろう。また，言語習得に問題がある研究参加者に対しては，何らかの処方を施して，通常の言語習得の状態にする，つまり，制御することも行おうとするであろう。

　次に進む前に急ぎ「仮説」について補足しておく。仮説とは，一般的には，独立変数と従属変数との因果関係についての言明である。実験という手法を採用する場合であれば，研究者ないし実験者が設定する独立変数が原因となって，研究参加者から得られるデータである従属変数という結果が得られる，ということである。しかし，仮説には，相関関係についての仮説であったり，独立関係についての仮説であることもある。いずれにしても，研究者は，何かと何かとの関係について仮説を生成する際には，その仮説が，因果関係か相関関係か，あるいは独立関係であるのか区別しておくことが必要である。

　もう 1 つ，心理学に限定されないが，科学の目的について検討する際に，「実験的研究」あるいは「経験的研究」対「理論的研究」という区別の仕方があるので補足しておこう。実験的研究については次節で検討するが，実験という研究者の経験に基づいているので「経験的研究」である。実験においては，研究参加者の経験も含まれるということもある。「データを取る」という言い方は，このように実験や調査をして，研究参加者からデータを収集するということであり，そのようなデータに基づいた研究は「経験的研究」と言われる。なお，「経験的研究」はデータによって証明するということで「実証的研究」と言われることもある。一方で，「理論的研究」とは，このような実験や調査に基づかないものを言う。先行研究（という経験的研究）をレビューして理論やモデルを構築したり仮説生成するというのは，理論的研究とみなすことができる。そうして，このモデル構築を ICT によって実現しているシミュレーションという方法も理論的研究に含まれる。

2．学習・言語心理学の方法

　一般的に科学という営みは，その目的を定めた後に，その研究の方法 method を決めていくことになる。科学における成功の成否は，方法論 methodology 次第ということもある。このことは心理学においても，本科目「学習・言語心理学」が対象とする下位領域においても同様である。

　心理学における研究の方法については「心理学研究法 psychological research methods」という概念で示されるものであり，同名の科目において詳細に検討されている。たとえば，三浦（2020）によれば，代表的な心理学の研究手法として，実験法，調査法，観察法，面接法，検査法，介入研究法の 6 つが取り上げられている。

　上で，「記述 description とは，観察 observation という方法を用いて，

研究対象の性質を述べ立てることである」と述べたが，観察とは科学の方法の基礎・基本である。観察とは，研究対象を科学者がしっかりと見ることであり，一般人が対象を見ることとは異なり，観察の「方法」をきちんと意識しているということである。つまり，信頼性と妥当性とが保証された「方法」を採用しようとしているということである，そうして，観察の仕方に制約を加えていくと，実験法，調査法や面接法，検査法，さらには介入研究法と言われる手法になると捉えることができるだろう。その意味では，「心理学研究法」において「観察法」という手法が独立に扱われていると混乱を招くもとになるであろう。

「学習・言語心理学」における方法についても，「観察」が基本的な方法であることは同じである。その際に，人間である科学者が自らの身体のみで「観察」を行っても良いのだが，観察のための機器を利用した方が良いだろうことは想像できるだろう。研究対象を観察する期間に渡って，たとえば，ビデオカメラやIC レコーダなどの機器を利用することで，研究対象の行動や言語の変化を記録することができるわけである。

「調査法」と「面接法」とは，言語を利用した「観察」であると言える。つまり，研究者は言葉を使って質問をして，研究対象である参加者が言葉を使って回答する，ということである。その際に話し言葉を使えば「面接法」，書き言葉を使えば「調査法」というように区別することができるだろう。

「実験法」とは一般的には仮説検証を行うために採用される。仮説検証のためにはロジックがあり，「実験計画法 experimental design」と言われるが，ここでは触れない。

第1章で，専門雑誌「Journal of Verbal Learning and Verbal Behavior」を紹介したが，その扱う主な対象は「人間の学習についての実験

室研究」であり，この「実験法」とは，「学習・言語心理学」の下位領域の研究と，最も相性が良いと言えるだろう。ちなみに，上で，「調査法」について触れたが，その代表的な手法は，質問紙調査であり，紙と鉛筆によるテスト paper and pencil test と呼ばれるが，質問紙調査という形態を取っていても仮説検証型の実験を行うことは十分に可能であることは指摘しておいて良いだろう。

　実験は仮説検証を目的としない場合もある。実験条件下で研究対象の行動を「記述」する，そして，その記述された結果に基づいて，新たに理論構築をしたり，仮説生成をしたり，場合によっては，既存の理論への反証をしたり，ということを目的とするということである。さらには，一般的には「準実験 quasi-experiment」と言われるが，研究者が設定した独立変数とは別に，たとえば，研究参加者の実験中の自発的な行動の有無によって結果を分けて分析を行う，処方を変える，という方法があり，仮説検証という目的からは外れてしまう可能性が高くなると言える。

　科学における方法とは極めて具体的なものであり，その具体的にする手続きを「操作化 operationalization」と言う。心理学における操作化ということでは，操作的定義を考えると理解しやすい。たとえば，「知能とは知能検査で測られたもの」というのは操作的定義である。「知能」をきちんと定義することは困難であるが，それを，「知能検査」という方法を使って観察された結果として捉える，ということである。実際に「知能検査」を行う際には，さらに具体的に，誰にいつどのように行うか？検査結果をどのように分析するか？などを事前に決めておく必要がある。このように研究方法の具体的な手続きを決めていくことが操作化であるわけである。上で「人間の学習についての実験室研究」と書いたが，そのような実験室研究においては，たとえば，研究参加者に提示する実験課題，実験で使用される言語材料，実験で利用される実験装置や

器具，実験者，実験の手続きや教示などを具体的に決める必要があるばかりか，研究協力者の属性や人数，協力依頼の手続きなども具体的に決める必要がある。

　さらに，研究で得られた結果，つまり，データの分析方法についても事前に決めておく必要がある。これは，どのようなデータを取るのかということとそれをどのように分析するか，ということである。たとえば，上で「知能検査」の検査結果をどのように分析するか？と書いたが，検査の内容によっては，研究協力者の回答についての，その正誤ばかりでなく，回答に至るまでの時間や過程なども評価する必要があるということである。

　このように「操作化」とは，このような具体的なことを決めておかないと，研究者はその実際の研究を実行することができないということであり，また，他の研究者が追試をすることもできない，ということである。

　さて，「知能検査」を例にして操作化について検討してきたが，「知能検査」は上で検討した「心理学研究法」における「検査法」の代表的なものの1つである。検査法は，その対象は，「知能」に限定されるものではなく，心理学研究のあらゆる対象が相当している。一般の読者には「性格検査」や「職業適性検査」「進路適性検査」なども馴染みがあるだろう。すでに前の章まででも検討してきたが，神経心理学においては脳機能の障害を「検査法」によって診断する。

　残りの「介入研究法」は，心理療法や心理学的支援で採用されている方法である。上の研究目的で「制御」について検討した際に，実践的な研究の研究目的として「制御」をあげたが，心理療法や心理学的支援とは実践的な研究であり，研究対象となっているクライアントや要支援者が抱えている問題を解決しようということである。第2章で検討した行

動分析学における研究方法である，シングルケースデザインについても，その研究協力者や被験体の行動を制御することを目的としているという意味で，介入研究法であるとみなすことができることも，ここで指摘しておこう。なお，より正確には，応用行動分析学の研究方法であると言った方が良いであろう。

　上で，「教示」について触れたが，人間を対象とした研究においては，その研究協力を依頼する段階から言葉を使って協力依頼をして，研究協力に関わる約束事を文書にするというように，広い意味の「教示」を行っている。つまり，研究自体も，「学習・言語心理学」の研究対象と捉えることもできるということである。

3．課題分析について

　本章の残りの節では「学習・言語心理学」にユニークな研究方法を取り上げて，以下検討していこう。まず，課題分析を取り上げて検討しよう。

　課題分析は，研究参加者に課す課題をその構造と機能との観点から事前に分析しておくことである。「研究参加者（や被験体）に課す課題」とは，研究領域によって異なる捉え方がありえるが，広義には同じことである。

　行動主義に基づいた学習心理学，特に行動分析学における課題分析とは，行動随伴性を分析することである。つまり，どのような刺激が弁別刺激になるか，どのような反応が見られ，どのような刺激を組み合わせれば強化子になるのか，など行動随伴性に関わることすべてを事前に分析しておいて，本当に想定した行動随伴性が現れるのか否かを，シングルケースデザインの実験で確認するということになる訳である。

　上で「学習・言語心理学」の研究目的について検討した際に，「行動

が変化した結果」や「賢い状態」を記述すると書いたが，それぞれの研究において，その行動や状態をどのように想定しているか，ということが課題分析に関連してくる。すなわち，研究が依拠している理論があるのであれば，その理論から導かれる結果としての理論的な行動や状態というのが「行動が変化した結果」や「賢い状態」に相当する。たとえば，研究参加者の年齢によって認知発達の理論から，研究で課す課題については，全員が正答という行動なり状態を示すだろう，ということである。あるいは，「研究参加者に課す課題」が論理学や数学などに基づいたものである場合，たとえば，算数の文章題という課題を解決するという場合であれば，その文章題を数学に基づいて解決して正解（と正解に至る過程）を示しておく，ということである。こうして，実際に，実験なり調査なりを行って，研究参加者の実際の課題解決の過程や結果と，事前に行った課題分析の結果とを比較するということを通して，研究参加者の課題解決の過程を推測して，課題解決の結果を解釈する，というように研究を進めていくことになる訳である。

4．言語材料の基準表について

　上で検討した課題分析は，研究参加者に課す課題を理論的あるいは論理的に分析したものであったが，経験的に分析することも行われてきている。その代表的なものが，実験で使用される言語材料の基準化と言われるものであり，その結果として，各種の基準表が提出されてきている。

　「エビングハウスの忘却曲線」として有名はエビングハウス（1850−1909年）は，人間の記憶研究の創始者の一人と言えるが，その実験で用いられた刺激である言語材料としては，無意味綴りであったこともよく知られている。無意味綴りを刺激とした理由については，読者にも考えて欲しいが，ここでは，刺激を統制するためとだけ述べておく。

　その後の研究者たちは，それぞれの研究目的のために，無意味綴りとは別の言語材料を刺激として用いてきたが，その際に，言語材料の基準化を行ってきた訳である。上で「経験的に分析する」と書いたのは，言語材料の基準化を行う際に，実際に（本来の研究とは別の）研究参加者に対して基準表作成のための調査を行ったということである。つまり，研究対象としている言語材料について，一定の基準で判断することを求めるという調査を行い，それぞれの言語材料がどの程度の性質を持っているかの一覧表を作った訳である。

　そうして研究者たちは，当初目的の実験の際の言語材料としては，自ら作成した一覧表から一定基準の材料を選択するばかりでなななく，他の研究者が作成（して公表）した基準表から（引用という手続きを踏んで）材料を選択することもできるようになってきた。基準表の対象も，無意味綴りばかりでなく，文字，語彙（単語），一般的知識など言語材料にとどまらず，絵・動画や音・音楽などの材料の基準化も行われている。基準化の基準についても，「有意味性」つまり「意味が有りそうに感じる主観的な程度」ばかりでなく，「連想の程度」「イメージ度」「既知感feeling of knowing」など多岐にわたっている。

　このような材料の基準表を作成するということは，いわば研究の前提になることであり，大切な仕事である。その基準表を研究論文という形で公表することで，科学の成果の「流通」も行われているということである。

5．言語コーパスについて

　前の節の最後で検討した科学の成果の「流通」とも関連するが，言語コーパスについても検討しておきたい。言語コーパスとは文章のデータベースと呼べるようなものであり，語彙や統語構造など言語学的な情報

も付与されたものもある。

　「学習・言語心理学」の研究対象には，自然の会話や自発的に書かれた文章も含まれる。通常は，上記の「観察」という方法によって，自然の会話であれば録音や録画などを行い，書き起こしという作業を経て，文字やテキストに変換してから，分析を行うことになる。その際に，自然の会話と書き起こしされた文字やテキストとの同一性についての議論もある。つまり，自然の会話の「雰囲気」は書き起こしができないとか，録音・録画とはその自然の会話という現場から切り取られたものに過ぎない，ということである。

　しかし，書き起こしされた文字やテキストはデジタル情報としても変換しやすく，情報学の一分野である自然言語処理の研究とも相性が良いこともある。

　そこで，それぞれの研究者が独自に書き起こしされたデータを用いることも大切であるが，そのデータを公開して他の研究者の利用に供するということも行われてきている。さらに，近年のICTの進展にともない，たとえばSNSの利用においては，文字情報がログデータとして蓄積されていることもあり，大規模なデータベース，つまり言語コーパスとして利用されるようになってきている。

　上で，自然の会話の「雰囲気」と書いたが，これも最近のICTの進展に伴って各種の画像処理技術を利用して，動画や静止画などの分析手法も研究されており，研究者が「雰囲気」と主観的に解釈している内容自体も，いわば客観的に分析することができる可能性も高まってきていると言える。

　また，研究倫理という別の観点から，研究者が自ら収集した素データを必要に応じて公開する必要性も高まってきているということもある。素データも含めて，人類の共通の財産とみなそうという意識も，多くの

研究者に共有されるようになってきており，その財産を利用してあらたな研究を行うことができる環境も整いつつある，ということである。

　上で心理学研究法に関して三浦（2020）を紹介したが，言語コーパスとは，その「観察法」の 1 つである「産物記録法」とみなすこともできる。言語行動であれば，会話のようにその現場で話されたという産物，SNS であれば書かれた（そして投稿された）という産物，ということである。繰り返しになるが，最近の ICT の進展に伴って，一般人が自発的に成したことが産物になる，さらには，ライフログと言われるが各種のセンサー技術によって，一般人の行動も自動的に産物になる，ということでもある訳である。

6．科学の細分化と科学の進歩と

　本章のまとめとして，研究の目的と方法の観点から，私見を述べておきたい。

　科学への批判として，科学の細分化ということが言われる。しかし，本章で検討してきた通り，科学の方法とは極めて具体的なものであり，分析という作業をするためには，科学は細分化していくことが必然ということもできる。一方で，そのような細分化された科学の知見を総合して，理論構築や仮説生成という作業も進められている。

　そうして，この分析と総合という作業の繰り返しによって，科学が進歩していく捉えるのが妥当であろうということでもある。つまり，科学の目的としてあげた，記述，予測，制御の精度が上がっていく，科学の方法の基準としてあげた，信頼性と妥当性の程度も上がっていく，ということであろう。

　また，そのような科学技術の進歩ということで，科学技術自体が ICT に支えられていることもあり，科学技術の成果などの諸情報は，一般に

90

も公開され流通されているということもある。つまり，一般の読者にも，科学技術は開かれている，ということである。

学習課題

　第1章の演習問題で見出した事例について研究する際に，どのような目的を設定し，どのような方法を取るのが適切であるか考えてみよう。その際に，情報通信技術の利用可能性についても考えてみよう。

引用文献

三浦麻子（編）（2020）．心理学研究法　放送大学教育振興会

参考文献

高橋秀明（2020）．ユーザ調査法　放送大学教育振興会

6 ｜ 生得的行動

《**目標＆ポイント**》
（1）生得的行動について理解する。
（2）言語習得の理論について理解する。
《**キーワード**》　初期学習，反射，向性，動性，走性，固定的活動パターン，生得的反応連鎖，原始的自発反応，ティンバーゲン，刻印づけ（刷り込み），臨界期，感受期，チョムスキー，言語獲得装置，ブルーナー，言語獲得支援システム，トマセロ，統計的学習，野生児

1．初期学習，あるいは生得的行動

　本章では，比較的単純な学習，あるいは初元的な学習ということで，初期学習について検討しよう。第 2 章で，行動が，生得的行動と習得的行動とに分類されることを検討したが，この生得的行動が本章での対象である。

　まず，生得的行動とは，遺伝によって決まっており，経験によっても変容はしない行動と言われる。生まれつき備わっているという意味で「本能 instinct」と言われる概念と近しいと言える。そこで，進化の過程で備わった，当該の種に特有の性質であるとも言われる。なお「本能」とは日常用語でも使われるため，心理学や関連領域では「本能行動 instinct behavior」という概念が使われることは指摘しておこう。

　さて「学習」とは「行動の変容」と定義されるが，より正確には，「経

験を通した比較的継続的な行動の変容」と定義される。ここで，「経験」とは「行動の履歴」と言える。この「行動の履歴」はいつから始まるか？ということで，人間であれば通常は，個人の誕生から，ということになる。誕生の前，つまり，受精から胎児期の変化についての研究も蓄積されているが，ここでは，誕生後の「行動の履歴」としておこう。そうして，「経験を通した比較的継続的な行動の変容」とは，誕生後の「行動の履歴」が，現在の，あるいは，研究対象の「行動」に何らかの影響をもたらしている，ということである。

　「行動の履歴」の初期の経験については，「初期経験」や「初期学習」と言われて，やはり研究がたくさん蓄積されている。初期学習は，経験の蓄積がほとんどないために，生まれついて持っているだろう何らかの構造や機能によって，行動を為す，ということである。こうして上述した「生得的行動」と同じ文脈で検討されることが多いと言えるだろう。

2．生得的行動の分類

　第2章で，行動分析学について触れて，行動の「自発」という概念について検討した際に，「誘発性行動」について触れた。つまり，ある行動が，先行する刺激によって誘発されるか，あるいは，先行する刺激に依存しないで自発されるか，という分類基準があるということである。

　生得的行動についても，行動分析学では，この「誘発性行動」対「非誘発性行動」とによる分類が想定されており，それぞれ，次のような行動あるいは反応について研究されている。

　　誘発性行動：反射・向性・動性・走性・固定的活動パターン・生得的
　　　　　　　　反応連鎖
　　非誘発性行動：原始的自発反応

そこで，１つずつ簡単に検討していこう。

反射

　特定の刺激に対する特定の反応のことであり，その基盤には，刺激─感覚器官─求心性神経─脊髄─遠心性神経─運動器官─反応という回路が想定されている。刺激と反応との一対一の対応関係として捉えることができるので，行動主義の基本的な考え方となったものと言えよう。

　本科目「学習・言語心理学」では，第７章の「レスポンデント条件づけ」であらためて検討することになるが，この反射の事例をいくつかをあげておこう。

　眞邉（2019）は，反射を，外部から直接観察することができない「唾液腺などの分泌腺や胃などの平滑筋，および血管の反射」と，外部からでも観察することが可能な「腕や足の横紋筋の反射」とを区別して，まとめているので，ここでも紹介しておこう。

表6-1　誘発刺激（無条件刺激）と反射（無条件反応）の対応関係

〔無条件刺激〕		〔腺・平滑筋・血管の反射〕
食物や酸	→	唾液反射
明るさの変化	→	対光（瞳孔）反射
温度の変化	→	血管運動反射
摂水	→	排尿反射
〔無条件刺激〕		〔横紋筋の反射〕
膝蓋のタッピング	→	膝蓋腱反射
空気の吹きつけ	→	瞬目反射
侵害刺激	→	屈曲反射
体幹の傾き	→	姿勢反射

（眞邉（2019：4）表1.1　同名の表より作成）

　表6-1であげた反射は生涯にわたり観察される反射と言えるが，発達の過程で特定の時期のみに観察される反射があることについても研究の蓄積がある。その代表的なものは，新生児から乳幼児期に観察されるが，その後成長とともに消失して観察されなくなる「原始反射」である。たとえば，頭の位置が急に変化したり，急に騒音がして驚愕することによって，手足がパッと伸びてからすぐに戻る反応（乳児であれば大声で泣くことも起きる）は，驚愕反射（モロ反射）として知られている。また人間を含め哺乳類で広く観察されるが，口や唇に触れたものを吸う吸啜反射がある。新生児の場合には，口や頬に触れるものに頭を向ける探索反射も知られており，探索反射と吸啜反射という初期学習を繰り返しながら，たとえば，母乳を得て栄養を摂取することができるようになる，ということになる。

向性・走性・動性

　上で検討した「反射」は個体の一部に見られる行動の変化であるが，ここで検討する「向性」「走性」「動性」は個体全体としての行動の変化である。向性 tropism は，ある特定の刺激に対して向かったり離れたりする行動の変化や定位 orientation であるのに対して，走性 taxis は，ある特定の刺激に向かっていく，あるいはある特定の刺激から離れていくというような移動の変化，定位として観察されるものである。代表的な例としては，花が太陽を追って向きを変えていくのが向性であり，ミドリムシが光源に向かって移動するというのが走性である。

　動性 kinesis は，走性と同じように個体全体としての移動であるが，定位はなく，一定でないランダムな変化として観察されるものである。代表例としてよく取り上げられるのは，ワラジムシの動きであるが，乾燥した場所では活発に動くが，湿った場所ではその動きは緩慢になり動

かなくなくことも観察されている。ワラジムシが生息する環境では，水分が点在しているので，このような動性は適応的であると考えられている。

固定的活動パターンと生得的反応連鎖

　ここまで検討してきた反射や向性・走性・動性は，行動としては1つの行動であるが，複数の行動が連続して起こるものもある。

　まず，固定的活動パターン fixed action pattern とは，動物に見られる一連の行動であり，やはり，生得的で，種に固有であり，その一連の行動がまわりの環境に関係なく起こってしまうものである。この固定的活動パターンの事例として有名なのは，行動生物学者のティンバーゲンによるトゲウオの実験であろう（図6‐1）。トゲウオのオスは繁殖期に他のオスがなわばりに入ってくると，その他のオスに対して攻撃行動を起こすが，この行動は，婚姻色である赤色によって引き起こされることが実験で示されている。実験では，本物のトゲウオとは姿形が似ている木型（N）や，姿形が異なるが腹だけ赤色の木型を複数種類（R）用意して，繁殖期のトゲウオのオスが，それらの木型に攻撃行動を示すか否かが観察された。その結果，姿形が異なっていても腹だけ赤色の木型（R）への攻撃行動は観察されたが，姿形が似ている木型（N）への攻撃行動はほと

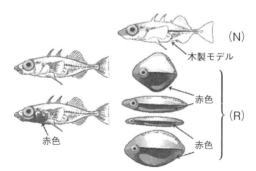

図6‐1　トゲウオのオスの攻撃行動
（ティンバーゲン（1981：29）「Nシリーズと四つのRシリーズのイトヨの模型」『本能の研究』三共出版より作成）

んど観察されなかったというものであった。そこで、ティンバーゲンは、腹部が赤色という刺激が、攻撃行動を誘発したと解釈した訳である。

このように固定的活動パターンを誘発する刺激は、「解発（触発）子 releaser」と言われる。また、このトゲウオの実験のように、人工的な刺激によって、固定的活動パターンが観察された訳であるが、このような刺激は「超常（超正常）supernormal 刺激」と言われる。さらに、固定的活動パターンは行動の連鎖として強固であるために、実際には関連する刺激が無いにも関わらず、その刺激があるかのように行動が続くことも観察されている。やはり有名な例として、ハイイロガンの卵転がし行動がある。抱卵中のハイイロガンは、巣の外にある卵を巣に引き戻す一連の行動を取るが、巨大な斑点のある卵（つまり、超常刺激）に対して強く現れるばかりか、途中で卵が取り上げられても、一連の卵を転がす行動を最後まで続けることが観察されている。このような行動は「真空行動 vacuum behavior」と言われる。

次に、生得的反応連鎖 reaction chains とは、一連の反応のそれぞれの開始が、適切な刺激に依存しているものを言い、固定的活動パターンとは区別されている。たとえば、上であげたトゲウオであるが、発情期のオスはメスが近づく（という刺激が現れる）と、ジグザグダンスと呼ばれる求愛行動を示し、メスのとどまり反応（という刺激）によって、そのメスを巣に引き入れる行動を取るが、メスがとどまらずに逃げてしまう反応（という刺激）によって、オスは巣への引き入れ行動は取らないことが観察されている。

原始的自発反応

続いて、生得的行動の内で、非誘発性行動、つまり、自発される行動について検討しよう。ここでは、坂上・井上（2018）に従って、「原始

自発反応 primitive spontaneous reaction」という概念を採用している。

　動物は，その性質故に，特定の刺激が先行していなくとも，探索行動や移動行動を自発することは認めることができるだろう。本科目「学習・言語心理学」では，第15章で「言語習得」について検討するが，乳児は文字通り自発的に発声する。もちろん最初は明確な「声」としての発声と認めることは困難であるが，発声器官を使って，前言語的な行動を自発しているということは認めることができるだろう。また，乳児は自発的に発声するばかりでなく，自発的に手足を動かしたりということもあり，これらの行動は，探索行動として解釈することができるだろう。

　こうして，これらの原始自発反応は，習得的行動の「原型」の１つになっていくと捉えることができるだろう（坂上・井上 2018）。

3．刻印づけ

　今田（2000：19）は，「ヒトでもそれ以外の動物でも，生まれた直後は極めて頼りない存在であり，それだけに環境の影響を受けやすい状態にある。だからこそその時期には，普通の環境に普通に生活しておれば正常に育つような仕組みが動物に備わっていても不思議ではない。」として，その適応上の仕組みとして，刻印づけ（刷り込み）imprinting を取り上げている。

　「刻印づけ」の概念のよく知られている例を検討するのであるが，カモ類の幼鳥は，孵化後の一定期間中，最初に目にした動く対象に対して追従行動を取ることが観察されている。普通の生活において最初に出会うのは母カモであるので，母カモへの追従行動を取れば，その幼鳥は正常に生育することができる可能性は高いと言えるであろう。ここで，このような行動が成立するための一定期間のことを，臨界期 critical period，あるいは感受期 sensitive period と言う。

図6-2　カモの幼鳥の追従行動

(Photo by Jun Tsutsumi)

　こうして，ある特定の刺激によって反応が引き起こされると，それが半永久的に消失しないことから，「刻印づけ imprinting」と呼ばれている。刻印づけに関わる行動は，発達の初期にのみ行われる学習で，遺伝的に学習可能な時期もある程度決まっているという意味で，生得的行動と捉えることができるが，実際に反応してみることで，刺激と反応との組み合わせが変更可能であるという意味で，習得的行動（学習性行動）の側面も有していると言えよう。

4. 生得的行動としての言語行動，あるいは言語習得の 理論について

　第1章で発達心理学について検討した際に，発達の理論や言語習得の理論が「経験説」「生得説」「相互作用説」に大別されると書いた。そして「言語習得」については第15章において検討すると上で書いたが，本章では，生得的行動としての言語行動について簡単に検討しておきたい。そこで，言語習得の理論について検討したい。

　経験説では，人間は「白紙」の状態で生まれてくるのであり，言語行動を含め人間の行動は経験を積み重ねることによって獲得されると考え

る。古典的行動主義のワトソンに代表される考え方と言われる。

　生得説では，人間は何らかの能力を持って生まれてくるのであり，そ
れが発達に従って開花してくると考える。あるいは，新生児や乳児は，
言語に特徴的な反応を示すという研究も蓄積されていることもある。そ
こで言語行動とは人間という種に特有のものであることを認めるという
ことは，必要条件として生得説の立場に立っていると言える。しかし，
それで十分であるかということで，やはり生まれた後の経験や学習も必
要であろうということで，「相互作用説」の立場が主流と言えるだろう。

　上で，徹底的行動主義の立場について，乳児に見られる自発的な発声
は「原始自発反応」として認めていることを検討したが，厳密には「相
互作用論」と捉えることもできるだろう。

　第 3 章で言語学の下位領域である統語論を検討した際に，チョムス
キーの生成文法について紹介した。その際に「深層構造」から「表層構
造」が生成されるという説明の仕方をした。ここでチョムスキーは，人
間に生得的な「言語獲得装置 language acquisition device（LAD）」を
想定し，普遍文法 universal grammar の能力を想定しているというこ
とであった訳である。そうして生後の言語環境に応じて，乳幼児は母国
語の文法のさまざまなパラメータを設定していくと主張しているので，
厳密には「相互作用論」と捉えることもできるだろう。

　第15章において，共同注意など乳幼児を取り囲む大人との相互作用に
ついて検討するのであるが，やはり「相互作用論」に立っていると捉え
ることができるだろう。このような周りの大人が子どもの言語習得に果
たすサポート機能については，ブルーナーが「言語獲得支援システム
language acquisition support system（LASS）」という考え方を提出し
ている。そうして，乳児は大人との相互作用という，実際の言語利用を
通して，語用論的な知識である，他者意図の理解も獲得していくことに

なる。こうしてトマセロによる「実利用に基づいたアプローチ usage based approach」もある。

　言語習得の理論としては「統計的学習 statistical learning」がある。たとえば乳児の音素学習においては，周囲の大人の会話から，高い頻度で発せられる音素を選択的に学習するという考え方である。この統計的学習について，松井（2018）は，周りの大人の会話とそれに反応する乳児の社会的能力とが必要条件であるので，「社会的学習 social learning」の一部として捉えることができるとしており，参考になるだろう。やはり，厳密には統計的学習も「相互作用論」と捉えることできるということである。なお，社会的学習については，第12章において検討している。

　最後に，言語習得の臨界期について検討しておきたい。上で，刻印づけについて説明した際に，ある行動が成立するための一定期間のことを，臨界期あるいは感受期と書いたが，言語習得については臨界期や感受期をどのように考えることができるだろうか？

　本節で検討してきた周りの大人との相互作用とは厳密に規定することは困難であるが，そのような当たり前の相互作用を経験できない場合に，どのような言語習得の結果になるかということで，事例的な知見は存在している。つまり，発達心理学において話題になるが「野生児」についての報告である。「狼に育てられた子ども」「アヴェロンの野生児」「ガスパーハウザー」などでは言語行動に著しい困難が認められていることは，一般の読者にも馴染みがあるだろう。

　言語習得の臨界期については，言語という特定の刺激に対して人間の脳が最も効果的に学習を遂げる時期ということで，母語の音韻学習が典型的なものであり，生後10ヶ月くらいまでと言われる。言語習得の敏感期については，脳が環境からの入力に影響を受けやすい時期ということで，臨界期よりも長期であり，思春期くらいまでと言われる。

　第15章で検討するが，言語習得については，その完成形とは何か？という根本問題もあるので，言語習得の臨界期や敏感期の議論は重視する必要がないという考え方もあるだろう。つまり，人間は言語を通して，一生涯にわたり学習し続けていく，ということである。

学習課題

　自分の日常生活を振り返ってみて，「生得的行動」と関連している事例を探してみよう。特に，情報通信技術を利用したサービスや製品の利用場面を振り返ってみよう。

引用文献

今田　寛（2000）．初期経験の効果・経験の繰り返しの効果　今田　寛（編）．学習の心理学　放送大学教育振興会

松井智子（2018）．言語習得論①—母語の習得と臨界期—　滝浦真人（編）．新しい言語学—心理と社会から見る人間の学—　放送大学教育振興会

眞邉一近（2019）．ポテンシャル学習心理学　サイエンス社

坂上貴之・井上雅彦（2018）．行動分析学—行動の科学的理解をめざして　有斐閣

ティンバーゲン,N.　永野為武（訳）（1981）．本能の研究　三共出版

参考文献

チョムスキー,N.　川本茂雄（訳）（1985）．言語と精神　河出書房新社

ブルーナー,J.S.　寺田　晃,本郷一夫（訳）（1988）．乳幼児の話しことば：コミュニケーションの学習　新曜社

トマセロ,M.　辻　幸夫ほか（訳）（2008）．ことばをつくる：言語習得の認知言語学的アプローチ　慶應義塾大学出版会

7 | レスポンデント条件づけ

《目標＆ポイント》
（1）連合および随伴性について理解する。
（2）レスポンデント条件づけの実験手続きについて理解する。
《キーワード》 連合学習，連合，随伴性，随伴性操作，パブロフ，無条件刺激（無条件レスポンデント刺激），無条件反応（無条件レスポンデント反応），誘発性行動，中性刺激，レスポンデント強化，レスポンデント消去，条件刺激（条件レスポンデント刺激），条件反応（条件レスポンデント反応），同時条件づけ，遅延条件づけ，痕跡条件づけ，逆行条件づけ，隠蔽，阻止，ワトソン，古典的条件づけ，恐怖条件づけ，行動療法，暴露法，味覚嫌悪学習，ガルシア効果，味覚嫌悪条件づけ

1．連合という考え方

　第2章で，眞邉（2019）による学習の分類について検討したが，本章「レスポンデント条件づけ」と第8章「オペラント条件づけ」ならびに第9章「弁別オペラント条件づけ」とは，「連合学習 associative learning」と総称することができる。連合 association とは，何かと何かとが関連する，結びつくことである。連合学習も「学習」つまり，人間の行動であるので，連合する1つは，行動であり，操作化すれば，反応である。行動あるいは反応と連合するのは，環境，操作化すれば刺激である。なお「操作化」については第5章で検討している。

　そこで,「レスポンデント条件づけ」とは,ある刺激に別の刺激が時間的に接近して提示されるという経験をすることによって,反応の強度や頻度や潜時が変化することを言う。

　一方で,「オペラント条件づけ」とは,ある反応を行うとその反応に対して環境が変化するという経験をすることによって,反応の強度や頻度や潜時が変化することを言う。こうして,レスポンデント条件づけも,オペラント条件づけも,連合という概念に基づいているわけである。なお,「弁別オペラント条件づけ」は「オペラント条件づけ」の一種であるが,詳しくは第9章で検討する。「レスポンデント」「オペラント」という用語は,スキナーによって作られた用語である。また第6章「生得的行動」で反射について検討したが,反射とは,刺激と反応とが一対一の対応関係にあるような単純なあるいは基本的な連合とみなすことができるだろう。

　連合という考え方は,理論的には理解することは容易であろう。しかし,この概念の妥当性を考えると,とたんに困難に直面することも事実であろう。理論的に少し厳密に考えると,連合する何かと何かとは,同じ範疇(カテゴリー)に含まれる必要があるので,たとえば,刺激と反応(あるいは,操作化しないで,環境と行動)とが連合するとは,カテゴリーミステイク(カテゴリー錯誤)であるということである。また,方法論的に厳密に考えると,連合するとは何かと何かとが関係することであるので,それを証明するのも容易ではないと考えるだろう。その関係が相関関係であれば許容できる可能性は高まるが,因果関係であると著しく困難になるだろうということである。

　さて,この連合という考え方は,研究における操作化を前提にすると,随伴性という概念で整理することができるので,節をあらためて検討を続けよう。

2．随伴性という概念

　随伴性 contingency は，「複数の事象間の関係」というような意味である。上で，「連合とは，何かと何かとが関連する，結びつくことである」と書いたが，この「何か」とは「事象」のことである。そして，「関係」とは，第5章で述べたように，「因果関係」「相関関係」あるいは，「独立関係」のいずれか，ということである。

　随伴性については，随伴性の操作と呼ばれるが，条件づけの手続きを考える際にも参考になるので，坂上・井上（2018）を参考にして，行動分析学の観点から検討していこう。行動分析学では，行動分析 behavior analysis と呼ばれるが，行動の原因を環境から分析して特定することを目指している。

　坂上・井上（2018）は，随伴性の操作について，以下の4つを区別している。ここで，ある事象Aに別の事象Bが随伴することを「A：B」と表記し，それぞれ「A：Bの随伴性」としている。

・刺激：刺激の随伴性
　ある刺激に別の刺激が随伴するような操作を行うこと。本章で検討する「レスポンデント条件づけ」が相当する。

・反応：刺激の随伴性
　ある反応に刺激が随伴するような操作を行うこと。第8章で検討する「オペラント条件づけ」が相当する。

・刺激：反応：刺激の随伴性
　ある先行刺激のもとで出現する反応に別の後続刺激が随伴するような操作を行うこと。いわゆる3項随伴性のこと。第9章で検討する「弁別オペラント条件づけ」が相当する。

・反応：反応の随伴性

　ある先行反応に別の後続反応が随伴するような操作を行うこと。本科
目では「弁別オペラント条件づけ」とは区別するべき内容であるが，
第 9 章で簡単に検討している。

　そこで，本章の主題である「レスポンデント条件づけ」について，「パ
ブロフのイヌ」の実験としてよく知られている実験を事例にして検討し
ていこう。

3. 「パブロフのイヌ」の実験

　レスポンデント条件づけ respondent conditioning は，古典的 classical
条件づけ，あるいはパブロフ型 Pavlovian 条件づけと言われる。この名
の通り，ロシアの生理学者パブロフ（Ivan Petrovich Pavlov, 1849–1936）
によって発見され，条件反射 conditioned reflex として知られ，その後
の心理学研究に大きな影響を及ぼしたと言える。

　ここでは，パブロフがイヌを被験体として行った実験を紹介しながら，
レスポンデント条件づけで用いられる大切な概念を検討していこう。

　まず，パブロフは消化の研究者としてイヌを被験体とした実験を行っ
ている際に，条件反射と名づけられた現象を発見した。つまり，イヌは
たまたま被験体としていたということである。つづいて，消化の研究と
いうことで，食物として餌を与え，餌を食べるという行動において，唾
液分泌反応が見られるが，その際に，メトロノーム音を提示していると，
最終的には，メトロノーム音を提示するだけで（餌を与えないのに）唾
液分泌反応が見られた，という実験であった。

　ここで，この実験で操作された刺激や反応を，きちんと整理しておこ
う。まず，餌は，生物学的に重要な刺激である。また，実験に際しては，

イヌに餌を与えないで一定レベルの空腹の状態にしておくことも必要となる。そうして，最初に実験において確認しておくべきことは，餌を与えない時には，唾液分泌反応が見られないことである。続いて，餌を与え，その直後に唾液分泌反応が見られるかを確認する。その後，餌を与えないと，ただちに唾液分泌反応が消失するかを確認する。もしも，餌を見ただけで，唾液分泌反応が起こることが観察された場合には，そのイヌはすでに条件づけがなされたということになり，本実験の被験体としては妥当でない，ということになる。

　この観察の結果，餌を与えた時のみ唾液分泌反応が観察された場合には，その餌のことを無条件刺激 unconditioned stimulus（あるいは無条件レスポンデント刺激），その唾液分泌反応のことを無条件反応 unconditioned response（あるいは無条件レスポンデント反応）という。ここで，先行する無条件刺激は後続する無条件反応を誘発する elicit と言われる。これを誘発性行動という。なおこの場合は，生得的行動の1つである反射，厳密には，無条件反射である。

　続いて，レスポンデント条件づけの随伴性操作のための実験に移る。まず観察するべきことは，メトロノーム音を提示して，唾液分泌反応が見られないことである。このような刺激は，中性刺激 neutral stimulus と言われる。また，この実験条件は，ベースライン条件と言われる。つまり，何も随伴性操作をしない，基盤となる状態という意味である。

　随伴性操作の次の段階では，いよいよ，メトロノーム音の提示をしながら，餌を与える，ということを繰り返すという操作（レスポンデント強化 reinforcement）を行う。これは介入条件と言われる。この操作の結果として，唾液分泌反応（と類似した反応）の出現確率が増加したことが観察されたとする。

　「パブロフのイヌ」の実験ということで，よく知られているのはここ

までの手続きであろう。しかし，ここで，「唾液分泌反応（と類似した反応）」としたのは，厳密には，実験操作が終わっていないためであるので，そのことを続けて検討しよう。

随伴性操作の最後の段階では，再度，ベースライン条件に戻す。つまり，メトロノーム音を提示するだけにして，餌を与えない条件で，唾液分泌反応の生起率を観察していく。そうして，最初は，唾液分泌反応（と類似した反応）が見られるが，メトロノーム音を提示することを繰り返していくと，唾液分泌反応（と類似した反応）は減少して，最終的には見られなくなる，ということを観察することになる。これをレスポンデント消去 extinction という。

このレスポンデント条件づけの随伴性操作の実験において，中性刺激であるメトロノーム音は，条件刺激 conditioned stimulus（あるいは，条件レスポンデント刺激）という新しい機能を持った刺激に変わった，と解釈される。そして，条件刺激のもとで観察された反応である，唾液分泌反応（と類似した反応）は，条件反応 conditioned response（あるいは条件レスポンデント反応）と言われる。ここで，条件刺激が条件反応を誘発すると言われる。

こうして，「パブロフのイヌ」の実験を厳密に検討してみると，実は複雑な実験であることがわかるだろう。

研究における操作化ということで，実験における独立変数をさまざまに変えることで，さらに，従属変数もさまざまに変えることで，文字通り，さまざまな結果が得られている。ここでは，その中でも代表的な結果を紹介しよう。

まず，条件づけのタイミングである。つまり，随伴性操作において，中性刺激（介入して条件刺激となる）と無条件刺激との提示をどのようなタイミングで行うか，ということであるが，基本的には以下の4つが

区別される。

・同時条件づけ simultaneous conditioning：条件刺激を提示し始めると
　同時に無条件刺激を提示する
・遅延条件づけ delay conditioning：条件刺激と無条件刺激との提示が
　重なる，または条件刺激の提示終了と同時に無条件刺激を提示する
・痕跡条件づけ trace conditioning：条件刺激の提示終了から一定時間
　をおいて無条件刺激を提示する
・逆行条件づけ backward conditioning：無条件刺激を先に提示してか
　ら条件刺激を提示する

　さまざまな実験結果を総合的に評価すると，遅延→痕跡→同時→逆行
の順で条件づけが成立しやすいこと，中でも短い遅延条件づけが最も確
実に条件レスポンデントが成立する一方で，逆行条件づけは形成が極め
て困難であることが知られている。

　ここまでは中性刺激が 1 種類の場合のみを検討してきたが，たとえば，
2 種類の中性刺激を使ったレスポンデント条件づけにおいては，隠蔽や
阻止といった現象が知られている。

　2 種類の中性刺激ということで，たとえば光と音とを同時に提示して，
その直後にたとえば電気ショックなどの無条件刺激を提示するという随
伴性操作を行う場合，光の条件づけが成立して，音の条件づけがあまり
成立しないという現象があり，一方の刺激への条件づけが他方への条件
づけを覆い隠したということで，隠蔽 overshadowing と言われている。

　先に光への条件づけが十分に成立したことを確認した後で，別の中性
刺激ということで音と光とを同時に提示して，電気ショックを提示する
という随伴性操作を行っても，後から追加した音への条件づけはほとん

ど成立しなかったという現象があり，最初の条件づけが後から追加した
条件づけを阻害したということで，阻止 blocking と言われている。

4．ワトソンの恐怖条件づけ

パブロフの条件反射という考え方に，最も影響を受けた心理学者の一
人として，ワトソン（John Broadus Watson, 1878-1958）があげられる
だろう。ワトソンの行動についてのモデルは，刺激—反応という一対一
対応に基づいており，その考え方は古典的行動主義 classical behavior-
ism と言われている。

ワトソンの有名な研究に，恐怖条件づけと言われる実験があるが，レ
スポンデント条件づけとして捉えることができる。実験では，11ヶ月の
幼児に対して，白いラットやウサギ，毛皮のコートなどの刺激を示して，
何も情動反応が起きないことを確認しておく。その後，白いラットを示
すと同時に幼児の背後から金属の棒を叩いて大きな音を聴かせて，そ
の幼児に恐怖反応が引き起こされることを確認した。この実験の後，こ
の幼児は，白いラットだけではなく，それに似ているウサギや毛皮のコー
トなどにも恐怖反応が引き起こされるようになったという。これをレス
ポンデント般化という。

ワトソンはこのような実験を通して，大人の情動，特に不安や恐怖も，
幼児期の経験に由来していると主張している。

現代では，このような実験は倫理的観点から許されるものではないが，
恐怖などの情動反応がレスポンデント条件づけによって成立しているこ
とを示しているという点では大きな意味を持っている。つまり，恐怖と
いう情動反応は，消去が可能であるということである。行動分析の考え
方を応用した行動療法という科目などで詳しい内容は確認してほしい
が，たとえば，暴露法 exposure では，恐怖を引き起こす条件刺激に患

者をさらすことで治療をして，一定の効果があることが知られている。

5. 味覚嫌悪学習

　上で条件づけのタイミングについて検討した際に，短い遅延条件づけがもっとも効果的で　確実に条件レスポンデントを生み出すと書いた。しかし，その後の研究によって，この知見を再考するきっかけとなった現象が見出されている。

　その現象を実験によって示した研究者の名前から，ガルシア効果と言われるが，いわゆる味覚嫌悪条件づけ taste-aversion conditioning である。たとえば，ラットに甘いサッカリンをなめさせた後に，エックス線照射ないし毒物投与を行って，ラットの気分を悪くするというような随伴性操作を行うと，ラットはサッカリンを避けるようになる。

　ガルシアらは，通常のレスポンデント条件づけの条件よりも厳しい，つまり，サッカリンと毒物投与との対提示をわずか数回にして，さらに，サッカリンと毒物投与との時間感覚を 1 時間以上開けても，レスポンデント条件づけが成立することを見出した。

　また，ガルシアらは別のラットを被験体とした実験で，条件刺激と無条件刺激との組み合わせで，レスポンデント条件づけの成立の仕方が異なることを見出しており，連合選択性 selective associability と言われている。サッカリン入りの水を摂取している際にエックス線照射をする群と，無味の水を摂取している際に光を点灯しクリック音を聴かせる状況で，水を摂取している際にエックス線照射をする群とを設定し，条件づけ後の水の摂取量の変化を測定したところ，サッカリン入りの水の群では条件づけ前と比較して少なくなったが，光と音とが提示された群では条件づけ前と比較して違いがなかった。つまり，エックス線照射に対して味覚は条件刺激として機能するが，光と音という視聴覚刺激は機能

しないと解釈することができる訳である。

　さらに，無条件刺激としてエックス線照射の代わりに電撃ショックを与える条件で同じように随伴性操作を行ったところ，サッカリン入りの水の群では条件づけ前と比較して減少しなかったが，光と音とが提示された群では条件づけ前と比較して少なくなった。つまり，電撃ショックに対して味覚は条件刺激として機能しないが，光と音という視聴覚刺激は機能すると解釈することができる訳である。

　このように，条件刺激と無条件刺激との組み合わせで，レスポンデント条件づけの成立の仕方が異なることが明らかになった訳である。

学習課題

　「パブロフのイヌ」実験について，問題点がないか検討してみよう。たとえば，本文では「もしも，餌を見ただけで，唾液分泌反応が起こることが観察された場合には，そのイヌはすでに条件づけがなされたということになり，本実験の被験体としては妥当でない，ということになる」と指摘したが，その理由を考えてみよう。これ以外にも，問題点がないか検討しみよう。

引用文献

眞邉一近（2019）．ポテンシャル学習心理学　サイエンス社
坂上貴之・井上雅彦（2018）．行動分析学—行動の科学的理解をめざして　有斐閣

参考文献

メイザー，J.E.　磯　博行・坂上貴之・川合伸幸（訳）（2008）．メイザーの学習と
　　行動　第3版　二瓶社
パヴロフ，I.P.　川村　浩（訳）（1975）．大脳半球の働きについて—条件反射学
　　（上・下）　岩波書店

8 │ オペラント条件づけ

《**目標＆ポイント**》
（1）試行錯誤学習について理解する。
（2）オペラント条件づけの実験手続きについて理解する。
《**キーワード**》 ソーンダイク，試行錯誤学習，効果の法則，スキナー箱，自由オペラント，強化子（強化刺激），弱化子（罰子）（罰刺激），強化，弱化，シャトル箱，逃避，回避，提示型強化（正の強化），除去型強化（負の強化），提示型弱化（正の弱化），除去型弱化（負の弱化），反応形成，トークンエコノミー，行動経済学，経済心理学

本章では，オペラント条件づけについて検討していくが，最初に，オペラント条件づけの概念の先駆けとなった試行錯誤学習を提唱したソーンダイクによる実験と，オペラント条件づけの概念を精緻化したスキナーによる実験とを紹介しよう。それらの実験を参照しながら，オペラント条件づけで用いられる大切な概念を検討していこう。

1.「ソーンダイクのネコ」の実験

問題箱 puzzle box と呼ばれる実験装置にネコを入れる。この装置は，複数の仕掛けからなっていて，ネコはそれらの仕掛けを解いていくと，外に出ることができて，餌を食べることができる。実験では，この装置に入れられてから外に出るまでの時間が測定されたが，この経験を重ね

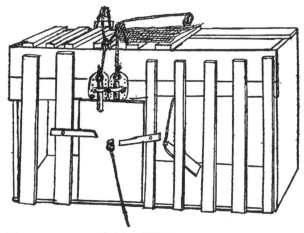

図8-1 ソーンダイクの問題箱

(Thorndike, E. I. 1898 *Animal Intelligence: An experimental study of the associative processes in animals. Psychological Review Series of Monograph Supplements, Vol. 2, No. 4 (whole No. 8)*)

るにつれて短い時間で外に出ることができるようになることが観察された（Thorndike, 1898）。

　そこでソーンダイクは，このような学習を試行錯誤 trial and error 学習と呼び，この学習を「効果の法則 law of effect」によって説明した。つまり，つまり「満足をもたらした反応は，それが繰り返されるとその場面と強く結合して，より起こりやすくなり，不快をもたらした反応は，逆に起こりにくくなる」というわけである。

2. 「スキナーのラット」の実験

　一般にスキナー箱と呼ばれる実験装置が使われる。この実験装置には，レバー lever と餌トレイ food tray とがついている。餌トレイは実験装置の外にある給餌器 feeder に繋がっており，ある一定の条件に従って

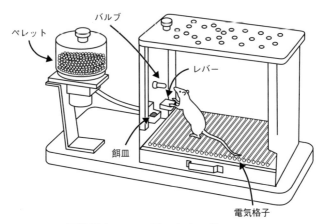

図8-2　標準的なラット用スキナー箱
（眞邉（2019：67）図3より作成）

餌トレイに餌粒（ペレット pellet）が供給されるようになっている。

　この実験装置に食事制限をしたラットを入れ，ラットがレバーを押すと餌粒がもらえるようにしておくと，ラットがレバーを押す反応の頻度が増えていく。別の実験として，ラットがレバーを押しても餌粒がもらえない条件にすると，レバーを押す反応率（一定時間毎の反応の頻度）が徐々に低下していく。なお，ラットは飼育箱に入れられて飼育されている訳であるが，このような実験の際には，飼育箱から実験装置に移されて，実験の被験体となる。このような実験では，被験体は自由な反応を自発することができるので，自由オペラント free operant 型手続きと言われている。

　この実験の手続きは，次のように整理することができる。まず，最初は，ベースライン条件ということで，レバー押し反応に対して餌粒を与えない条件にしておくと，レバー押し反応の反応率は低いままとなる。ここで反応率とは，動物実験ということで，1秒あたり，あるいは1分

あたり，何回反応したか，ということである。通常，低い反応率が安定して見られるまで実験を続ける。

　次に介入条件ということで，レバー押し反応に対して，実験で設定した基準に従って，餌粒を与えて，レバー押し反応の反応率がどのように変化するかを観察することになる。この実験では餌粒を与えるので，レバー押し反応の反応率が増加することが予想される。通常，予想された高い反応率が安定して見られるまで実験を続ける。

　最後に，再度，ベースライン条件ということで，レバー押し反応に対して餌粒を与えない条件で，レバー押し反応の反応率の変化を観察することになる。餌粒を与えないので，レバー押しの反応率が下がっていき，最初の低い反応率と同程度の反応率となることが予想される。

　こうして，介入条件の時だけ，レバー押し反応の反応率が高くなることが観察された場合に，オペラント条件づけが成立したとみなすことができる訳である。この例では，反応率が高くなるという方向であるので，餌粒という刺激は強化子 reinforcer（あるいは強化刺激 reinforcing stimulus）と言われる。反応率が低くなる方向の場合には，その刺激は弱化子（あるいは罰子）punisher（または罰刺激 punishing stimulus）と言われる。そうして，反応率が増加する一連の事態を強化 reinforcement と呼び，一方で，反応率が減少する一連の事態を弱化 punishment と呼ぶ。このようにオペラント条件づけとは，反応率の変化が観察されることが，その成立の必須用件となるわけである。

　前節の「ソーンダイクのネコ」の実験は，その実験自体の厳密さに欠けるところはあるが，「効果の法則」の前段の「満足をもたらした反応は，それが繰り返されるとその場面と強く結合して，より起こりやすくなる」という事態は強化に相当し，後段の「不快をもたらした反応は，逆に起こりにくくなる」という事態は弱化に相当する，と言うことがで

きるだろう。

　「スキナーのラット」の実験では，反応率の変化が観察されることによってオペラント条件づけが成立したとみなすことができると述べた。その実験では，餌粒という刺激を例として検討したが，シャトル箱 shuttle box と呼ばれる別の実験装置を使った実験では，電気ショックという刺激が使われている。シャトル箱は区画が分けられており，一方では床から電気ショックが与えられるが，別の区画では電気ショックを受けないようになっており，被験体であるラットは，柵を越える反応をして別の区画に移って，電気ショックという刺激から，逃避 escape あるいは回避 avoidance という行動を学習する事態に直面することになる。

　ここで，餌粒という刺激はスキナー箱という環境につけ加えるという変化をもたらしており，提示型（正の positive）と言われる。一方で，電気ショックという刺激はシャトル箱という環境から取り去るという変化をもたらしており，除去型（負の negative）と言われる。

　こうして，強化と弱化，提示型と除去型，を組み合わせて，４つの操作を想定することができる。

・提示型強化（正の強化）positive reinforcement
・除去型強化（負の強化）negative reinforcement
・提示型弱化（正の弱化）positive punishment
・除去型弱化（負の弱化）negative punishment

・提示型強化（正の強化）positive reinforcement
　上で検討したラットのレバー押し反応への餌粒の提示というのが，典型例となる。それ以外でも，ハトのキーつつき反応への餌の提示という例もある。人間を対象とした場面では，子どもが良いことをしたらご褒美をあげるという例もある。いずれも，オペラント条件づけにおいて最

も一般的な手続きである。提示型強化で提示される刺激は，提示型強化子 positive reinforcer と言われる。

・除去型強化（負の強化）negative reinforcement

　上で検討したラットの柵越え反応によって電気ショックを受けないようになる状況で，この柵越え反応が増加した場合が，除去型強化に相当する。上の例であげた逃避とは，その電気ショックという刺激から逃れることを言う。もう１つの回避とは電気ショックという刺激が提示されるのを妨げる，あるいは延期するようにすることを言う。たとえば，シャトル箱で，ブザー音が電気ショックに先行して提示されるようにしておき，そのブザー音が鳴っている間に柵越え反応をすれば，ラットは電気ショックを避けることができる，というようなことである。除去型強化で提示される刺激は，除去型強化子 negative reinforcer と言われる。

・提示型弱化（正の弱化）positive punishment

　たとえばシャトル箱で，ラットが高頻度の行動をしたとして，その行動に随伴して電気ショックを与えた結果として，その行動の頻度が減少することが観察された場合，提示型弱化と言う。人間を対象とした場面であれば，教師の怒鳴り声によって生徒の私語が止まるという例がある。提示型弱化で提示される刺激は，提示型弱化子 positive punisher と言われる。なお，上の除去型強化子とこの提示型弱化子とは，嫌悪刺激 aversive stimulus と言われることもある。

・除去型弱化（負の弱化）negative punishment

　たとえば人間を対象とした場面で，子どもがいたずらをしたので，その日はテレビゲームをすることを禁じられた際に，そのいたずらという

行動が減少したことが観察された，という例が相当する。

　除去型弱化で提示される刺激は，除去型弱化子 negative punisher と言われる。この例では，テレビゲームを禁じることが除去型弱化子となる。

　さて，ここで，同じ概念を異なった用語で説明しており混乱を招くと思われるので，眞邉（2019）にならい，表 8 - 1 のように，英語も合わせて，整理しておきたい。眞邉（2019）によると，「用語法 1」は『行動分析学辞典』で推奨されているもの，「用語法 2」は「伝統的な用語法」，「用語法 3」は「負の強化や負の罰の誤用が多いことから提案された用法（p.73）」であるとしている。

表 8 - 1　オペラント条件づけの用語法

英語	用語法 1	用語法 2	用語法 3
positive reinforcement	提示型強化	正の強化	好子提示による強化
negative reinforcement	除去型強化	負の強化	嫌子除去（あるいは提示の阻止）による強化
positive punishment	提示型弱化	正の罰	嫌子提示による弱化
negative punishment	除去型弱化	負の罰	好子除去（あるいは提示の阻止）による弱化
reinforcer	強化子	正の強化子	好子
punisher	弱化子	負の強化子	嫌子

（眞邉（2019：73）表4.1を改変）

3．反応形成

　「スキナーのラット」の実験で，あたかも，すぐにラットがレバーを押すかのような説明になっていたかもしれないが，実際には，いきなりレバーを押すというような反応は生じない。スキナー箱の中でまずは単純に歩き回りながら周囲を嗅ぎ回ったり，立ち上がったりする。これは反応の変動性と言われるが，新しい環境への適応の現れと解釈すること

もできる。

　こうして，反応の変動性によって，ラットがたまたまレバーの近くにきた時に餌粒を与えると，レバーの前に居る時間が増加してくる。さらに，たまたまレバーに触れた時に餌粒を与えると，前肢をレバーに触れる反応の反応率が増加してくる。そうして最終的にレバー押し反応が取られるようになる訳である。

　この過程は，反応形成 shaping と言われる。そして，少しずつ反応が形成されることは，漸次的接近と言われる。

4．トークンエコノミー

　本章で，強化子（弱化子）としてどのような刺激を取り上げたのか，あらためて振り返っておこう。「ソーンダイクのネコ」の実験では，強化子は餌であった。「スキナーのラット」の実験では強化子は「餌粒」，弱化子は「電気ショック」であった。提示型と除去型との組み合わせを検討した際には，人間を対象とした場面も例にしたが，強化子は「ご褒美をあげる」を，弱化子は「教師の怒鳴り声」「テレビゲームをすることを禁じられる」を例にして検討した。

　人間を対象とした場面で，「教師の怒鳴り声」「テレビゲームをすることを禁じられる」というのは「言語行動」として捉えることができる。「テレビゲーム」という物自体は強化子として捉えることができるが，それを「禁止する」という「言語行動」という刺激としての弱化子として捉えることができるということである。あるいは「テレビゲーム」という物自体がなくなるということで弱化子であると捉えることができるということである。

　残りの「ご褒美をあげる」はどのように捉えることができるだろうか？　やはり「ご褒美」という何かの物自体を強化子として捉えること

ができるが，たとえば「褒める」という「言語行動」という刺激としての強化子として捉えることもできる。このように「言語行動」というのは人間にとっては，行動つまり反応であるが，刺激としても十分に機能していることが分かるだろう。「言語行動」自体については，第10章で検討している。

　さて，物自体としての「ご褒美」については，どのように捉えることができるだろうか？　通常は，つまり操作化するとしたら，「おやつ」とか「お金 money」，あるいは「おやつやお金に後で替えることができるもの」ということになる。「おやつやお金に後で替えることができるもの」については「代替貨幣」という概念がある。

　このように代替するものが強化子として機能することを利用したオペラント条件づけについては，「トークンエコノミー token economy」という概念で検討されている。

　そこで，英語の token の意味を調べてみると「象徴」「記号」「札」というような概念であることが分かる。英語の economy は「経済」「経済学」である。

　こうして「強化子としてのお金」という観点から「経済学」の概念を検討し直すということで「行動経済学」という研究領域も存在している。行動経済学については，人間の合理的な判断への疑問ということで「認知心理学」からの見直しということもあり，文字通り，「心理学」と「経済学」との接点領域としての「経済心理学」としても注目されている。

　一方で，人間にとっての「お金」とは「記号」としての意味もあり，第4章で検討したが「記号学」との関わりや「言語学」との関わりも想定されることは指摘しておきたい。

学習課題

　「ソーンダイクのネコ」実験および「スキナーのラット」実験につい
て，問題点がないか検討してみよう。たとえば，「ソーンダイクのネコ」
実験について本文では「その実験自体の厳密さに欠けるところはある」
と書いたが，どのような点であるか検討してみよう。「スキナーのラッ
ト」実験についても「実験自体の厳密さに欠けるところ」はないか？検
討してみよう。

引用文献

眞邉一近（2019）.ポテンシャル学習心理学　サイエンス社
坂上貴之・井上雅彦（2018）.行動分析学―行動の科学的理解をめざして　有斐閣
Thorndike, E. I. (1898). *Animal intelligence: An experimental study of the associative processes in animals. Psychological Review, Series of Monograph Supplements, Vol. 2, No. 4 (Whole No. 8).*

参考文献

メイザー, J. E.　磯　博行・坂上貴之・川合伸幸（訳）（2008）.メイザーの学習と行動　第3版　二瓶社
竹村和久（2015）.経済心理学：行動経済学の心理的基礎　培風館

9 | 弁別オペラント条件づけ

《目標＆ポイント》
（1） 弁別オペラント条件づけの実験手続きについて理解する。
（2） 3項随伴性について理解する。
（3） 古典的行動主義，新行動主義，徹底的行動主義について理解する。
《キーワード》 3項随伴性，弁別刺激，弁別オペラント，刺激性制御，強化スケジュール，反応連鎖，確立操作，飽和化，遮断化，見本合わせ訓練，概念形成，プレマックの原理，反応遮断化理論，古典的行動主義，新行動主義，ハル，動因，トールマン，認知地図，バンデューラ，徹底的行動主義

1. オペラント条件づけと弁別オペラント条件づけ

　オペラント条件づけに関する記述に，オペラント条件づけの基本形は3項随伴性であるとしているものが散見される。しかし，厳密には，3項随伴性は，弁別オペラント条件づけの基本形であると言うべきである。これを，本章では検討していこう。

　まず，具体的な実験状況から検討しよう。第8章で検討した「スキナーのラット」の実験を十分に理解していることを前提にしている。

　スキナー箱には，レバーがある壁に照明光 light や音提示用のスピーカーが備えられているものとする。ここでは，照明光が1つの場合で良い。

　まず，実験に先立ち，被験体のラットにおいては，レバー押しのオペ

ラント条件づけは確立されているということが前提となる。

　この実験の手続きは，次のように整理することができる。まず，最初は，ベースライン条件ということで，

　照明光提示あり：レバー押し反応あり：餌粒提示なし

　照明光提示なし：レバー押し反応あり：餌粒提示なし

という随伴性操作のもとで，レバー押し反応の反応率を観察する。餌粒は提示しないので，レバー押し反応の反応率は，低い反応率が安定して見られるまで実験を続ける。

　次に介入条件ということで，照明光提示ありの条件でのみ，レバー押し反応に対して，実験で設定した基準に従って，餌粒を与えて，レバー押し反応の反応率がどのように変化するかを観察することになる。つまり，

　照明光提示あり：レバー押し反応あり：餌粒提示あり

　照明光提示なし：レバー押し反応あり：餌粒提示なし

という随伴性操作のもとでレバー押し反応の反応率を観察する。照明光提示では餌粒を与えるので，レバー押し反応の反応率が増加することが予想される。通常，予想された高い反応率が安定して見られるまで実験を続ける。

　最後に，再度，ベースライン条件ということで，

　照明光提示あり：レバー押し反応あり：餌粒提示なし

　照明光提示なし：レバー押し反応あり：餌粒提示なし

という随伴性操作のもとで，レバー押し反応の反応率を観察する。餌粒を与えないので，レバー押しの反応率が下がっていき，最初の低い反応率と同程度の反応率となることが予想される。

　こうして，介入条件の時だけ，レバー押し反応の反応率が高くなることが観察された場合に，弁別オペラント条件づけが成立したとみなすことができるわけである。ここで，照明光提示という刺激は弁別刺激 discriminative stimulus，そのレバー押し反応は弁別オペラント discriminated operant と言われる。そして，この弁別刺激はその弁別オペラントを刺激性制御 stimulus control をしている状態にあると言われる。このように，弁別オペラント条件づけも，オペラント条件づけと同様に，反応率の変化が観察されることが，その成立の必須用件となる訳である。

2．強化スケジュール

　第8章で検討した「スキナーのラット」の実験でも，上で検討した弁別オペラント条件づけの実験でも，本来は，自発された反応に対する強化子を随伴させる仕方について，きちんと操作化しておく必要があるが，それは強化スケジュールと言われる。

　強化スケジュールとは，自発されたオペラント反応に強化子を随伴させる操作の規則のことである。強化スケジュールの種類は無数にあると言えるが，ここでは，代表的ないくつかの強化スケジュールのみを検討することにしたい。まず，強化スケジュールの分類ということで，強化子が反応に依存しないで随伴されるスケジュールと強化子が反応に依存して随伴されるスケジュールとに大別される。

　強化子が反応に依存しないで随伴されるスケジュールには，時間スケジュールと消去スケジュールとが区別される。強化子が反応に依存して随伴されるスケジュールには，時隔（間隔）interval スケジュールと比率 ratio スケジュールとが区別される。これらの強化スケジュールの中で，消去スケジュール以外のスケジュールについては，固定 fixed と変動 variable という性質によって細分化される。

　（厳密には，さらに，ランダム random という性質によって区別することができるが，実際には，変動と区別することがむずかしいので，ここでは取り上げていない。）

　なお消去スケジュールは，強化子を提示しないスケジュールであるが，消去抵抗 resistance to extinction，つまり反応が減少していくパターンに，強化スケジュールの種類によって特徴があることが知られている（図9‐1）。

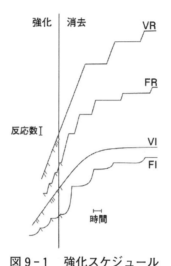

図 9‐1　強化スケジュール
（レイノルズ（1978：82）図6.5より作成）

時間スケジュール：オペラント反応とは独立に，一定の基準の時間で強化子を随伴させるというスケジュールである。

　固定時間スケジュール：文字通り，一定の時間間隔で強化子が随伴される。オペラント反応とは独立した，偶然の強化によって形成・維持される迷信行動（superstitious behavior）が観察されることが知られている。

　変動時間スケジュール：平均値がスケジュール値になるようにランダムな時間を強化する回数分設定しておく方法である。

時隔（間隔）スケジュール：1つ前の強化子の提示から一定の時間間隔をおいて最初のオペラント反応に強化子を随伴させるというスケジュールである。

固定時隔 fixed interval（FI）：一定の時間間隔を固定する。スキャロップ scallop と呼ばれる反応パターンが見られることが知られている。つまり，強化子が提示される予定時刻に向けて反応率が次第に増加していくという反応パターンである。動物の計時 timing 行動の存在を示唆する。

変動時隔 variable interval（VI）：一定の時間間隔を変動させる。時間間隔が変動するため，スキャロップは現れず，安定した高い反応率が持続するパターンが観察されることが知られている。

比率スケジュール：強化子の提示後に，一定の回数見られたオペラント反応に強化子を随伴させるというスケジュールである。

固定比率 fixed ratio（FR）：一定の回数を固定する。強化子提示後にオペラント反応の休止が見られ，その後，ある一定の反応率で反応が増加して次の強化子が提示されるという反応パターンが見られることが知られている。これは，強化後休止 PRP と言われている。

変動比率 variable ratio（VR）：一定の回数を変動させる。このスケジュールでも PRP は観察されるが，固定比率スケジュールに比較すると短いことが知られている。そして，強化率の等しい変動時隔スケジュールと変動比率スケジュールとを比べると，変動比率スケジュールの方が反応率が高いことも知られている。

3. 3項随伴性とは

本章の最初に，オペラント条件づけに関する記述に，オペラント条件

づけの基本形は 3 項随伴性であるとしているものが散見されるが，厳密
には，3 項随伴性は，弁別オペラント条件づけの基本形であると言うべ
きであると書いて，ここまで，弁別オペラント条件づけについて検討し
てきた。

　そこで，あらためて，3 項随伴性 three-term contingency について
検討しておこう。

　3 項随伴性は，

　　弁別刺激：（弁別）オペラント：強化子（強化刺激）

という 3 つの項目がこの順序で連合していくことである（なお，簡便の
ため，「強化子」のみを取り上げるが，「弱化子」の場合でも同じ議論は
成立することはここで断っておきたい）。この 3 つの項目の最初の 2 つ
は，

　　弁別刺激：（弁別）オペラント

という「刺激と反応」の 2 つの項目の連合であるが，上で検討したよう
に，「刺激性制御」のことである。

そして，後ろの 2 つは，

　　（弁別）オペラント：強化子（強化刺激）

という「反応と刺激」という 2 つの項目であるが，やはり上で検討した
ように，「強化スケジュール」のことである。

　こうして，（弁別）オペラント条件づけを制御するために，オペラン
トという反応に先行する刺激と，オペラントという反応に後続する刺激
という環境要因を分析しようということである。

　なお，前章で「スキナー箱」について検討したが，そこでの操作化と
3 項随伴性との関連について，眞邉（2019）が「オペラント実験箱シス
テム」としてまとめており参考になるのでここでも紹介しておきたい（図
9 - 2）。

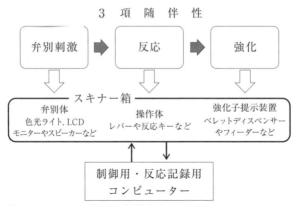

図 9-2　オペラント実験箱システム

（眞邉（2019：67）図2より作成）

　詳しい検討は省略するが，スキナー箱による実験の制御や反応記録においても，ICT が取り入れられていることは指摘しておきたい。

4．反応連鎖について

　第6章で生得的反応連鎖について検討したが，習得性（学習性）行動においても同様に，順序のある一連の行動があり，3項随伴性の考え方に従う解釈することが容易であるので，ここで検討しておきたい。反応連鎖 response chain という概念として知られているが，これを，メイザー（2008）のあげている例で検討しよう（図9-3）。

　ラットが，梯子で台に上り，ロープをひっぱってドアを開け，トンネルをくぐり，別の台から滑り台でおり，レバーまで走って，レバーを押して，やっと「餌粒」を得るという状況で，ラットの一連の行動は，図9-3のように解釈することができる。つまり，最初の「階段」は弁別刺激であり，「台を上る」というオペラント反応が生起し，その結果，「台」や「ロープ」という条件強化子が得られるが，これは同時に，次

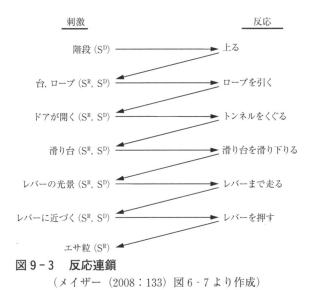

刺激　　　　　　　　　　　　　　　反応

階段 (S^D) ────────────→ 上る

台, ロープ (S^R, S^D) ──────←─── ロープを引く

ドアが開く (S^R, S^D) ──────←─── トンネルをくぐる

滑り台 (S^R, S^D) ──────────→ 滑り台を滑り下りる

レバーの光景 (S^R, S^D) ────←─── レバーまで走る

レバーに近づく (S^R, S^D) ───←─── レバーを押す

エサ粒 (S^R) ←───────

図 9 - 3　反応連鎖
（メイザー（2008：133）図 6 - 7 より作成）

の行動の弁別刺激となっており，次の「ロープを引く」というオペラント反応が生起し，その結果，「ドアが開く」という条件強化子が得られ，同時に次の行動の弁別刺激になって，ということが連鎖していき，一連の複雑な行動が取られた，ということである。

　メイザー（2008）は反応連鎖の明快な例として，サーカスで動物が行う一連の複雑な行動をあげているが，読者にはどのように動物を訓練するのか考えてほしい。

　なお前章で反応形成について検討した際には，反応の変動性によって反応形成を捉えていたのであり，反応連鎖とは区別されたい。

5. 確立操作

　ここで，あらためて振り返って思い出して欲しいことがある。それは，第 7 章「レスポンデント条件づけ」の「パブロフのイヌ」の実験では「イ

ヌに餌を与えないで一定レベルの空腹の状態にしておくことも必要となる」と書いたことであり，第8章「オペラント条件づけ」の「スキナーのラット」の実験では「食事制限をしたラットを入れ」と書いたことである。これらの記述は，実験における統制条件であるかのように書いてきたが，厳密には「確立操作 establishing operation」のことを言う。つまり，強化子や弱化子の機能がうまく働くようにする，その機能を確立するようにするための操作のことである。そうして確立操作には「飽和化」と「遮断化」という2つの相反する操作があるので，さらに検討しておこう。

　まず飽和化 satiation とは強化子の効果を少なくするための操作のことを言う。遮断化 deprivation とは強化子の効果を大きくするための操作のことを言う。こうして，上であげた「パブロフのイヌ」や「スキナーのラット」では，一定期間食物を与えないということで「食物遮断化 food deprivation」と言われる。そうして，「食物遮断化」を厳密に操作する場合には，自由に食物を摂取させた場合の体重を測定しておいて，「食物遮断化」の操作条件に応じて体重を測定しておいて，どれくらいの割合であるかによって，「食物遮断化」の操作の程度を決めていくことになる。動物実験においても，動物の虐待や福祉という研究倫理上の観点から，自由摂取時の体重の90%程度の食物遮断化の程度で実験の被験体とすることが多い。

　（なお，島宗（2019）によると，確立操作の英語 establishing は「高める」という意味を帯びているために，強化子の効果を少なくする方向である飽和化とは矛盾してしまうので，motivating operation と総称されるようになっているが，motivating は「動機づけ」という意味が帯びてしまうために，厄介な問題も生じてしまうという。ここでは，「確立操作」の用語のままとしている。）

　さて，上で「食物遮断化」について検討したが，これは，厳密には「生得的確立操作」の 1 つである。「食物遮断化」は強化子として働くが，「食物飽和化」は「弱化子」として働く。たとえば，単純に「食べ過ぎ」とか「同じ食べ物を食べ続ける」ということである。ただし，これは，第 2 章で検討した「馴化」として解釈することも可能であり，やっかいでもあると言える。

　続いて「習得性確立操作」についても検討しておこう。ここでは，島宗（2019）が想定した例で検討しておく。日本人にとって，米は主食であり，十分に飽和化している状態にある。しかし購買場面では白米の写真を見ただけで，米を購入してしまうということである。

　こうして，確立操作を 1 つの項として捉えると，「3 項随伴性」と今まで言われてきたことは，厳密には「4 項随伴性」であろう，ということになるだろう。こうして，確立操作という概念を振り返ってみると，この概念は，動因 drive や誘因 incentive といった概念と関連しているために，動機づけ motivation 研究の研究対象になったことも理解することができるだろう。

6．弁別オペラント行動と概念形成

　概念形成については，人間の言語行動（の発達）との関連が深いので，第15章でも扱うが，概念形成の考え方の 1 つに，弁別オペラント行動の成立ということがあるので，ここで検討しておこう。

　3 項随伴性の前半部分，つまり，弁別刺激：（弁別）オペラントは刺激性制御と言われることは述べたが，この刺激性制御についてもたくさんの研究が行われてきている。その中で，ここでは，見本合わせ matching to sample 訓練について紹介しよう。

　やはり「スキナーのラット」の実験を十分に理解していることを前提

にしている。なお，ここでの被験体はハトである。スキナー箱には，前面パネルに3つのキーが横一列に並んでいる。そこで，

　中央のキーに垂直線　続いて　左のキーが垂直線　右のキーが水平線を提示

　　左の垂直線キーをつつく反応をすると餌粒提示

　　右の水平線キーをつつく反応をすると餌粒提示しない

　中央のキーに水平線　続いて　左のキーが垂直線　右のキーが水平線を提示

　　左の垂直線キーをつつく反応をすると餌粒提示しない

　　右の水平線キーをつつく反応をすると餌粒提示

以上の随伴性操作を多数経験すると，ハトは，左右のキーの配置を変えても，見本となる中央のキーの垂直線には垂直線のキーを，見本となる中央のキーの水平線には水平線のキーをつつく反応をとるようになる。

　ここで，最初の見本の垂直線／水平線は，続く左右のキーの2つの弁別刺激のどちらで反応するかを指示しており，条件性弁別刺激 conditional discriminative stimulus と言われる。

　これは，人間であれば，環境と言語行動との関係において見られることである。つまり，環境にある事物を，言葉で発音したり，書き言葉で書いたりすることと同じであり，これは，ある種の概念が形成されたこととみなされる訳である。

7．プレマックの原理と反応遮断化理論

　第7章で，随伴性の操作として4つを区別し，第8章と本章の上までで，「刺激：刺激の随伴性」については第7章「レスポンデント条件づけ」において，「反応：刺激の随伴性」については第8章「オペラント条件づけ」において，そして「刺激：反応：刺激の随伴性」については

本章「弁別オペラント条件づけ」で検討してきた通りである。

　そこで，４つ目の「反応：反応の随伴性」について，ここで簡単に検討しておきたい。「反応：反応の随伴性」とは，ある先行反応に別の後続反応が随伴するような操作を行うことである。この随伴性操作に関しては，研究者名がついた「プレマックの原理 Premack's principle」について最初に検討しておこう。

　「プレマックの原理」とは，「高出現確率行動は，それが随伴された低出現確率行動に対して強化子として働き，低出現確率行動は，それが随伴された高出現確率行動に対して弱化子として働く」というものである。原理ということで抽象的な表現になっているので，米山（2019）があげている例を紹介しておこう。

・子どもが宿題になかなか取り組もうとしないとき，宿題をしたら（低反応確率行動），遊んでもよい（高反応確率行動）という随伴関係を設定することで，宿題に取り組む行動の出現頻度を高めることができる。
・いたずらをしたとき（高反応確率行動）に，罰としてトイレ掃除をさせる（低反応確率行動）といった随伴関係を設定することで，いたずらの出現頻度を低下させることができる。

この例は，日常生活でも経験するようなわかりやすい例であろう。

　一方で，「プレマックの原理」に反する研究例も報告されるようになってきており，「プレマックの原理」をより一般化した「反応遮断化理論」が提唱されている。つまり，「プレマックの原理」では，反応が自由に行える自由接近場面での生起頻度に基づいていたが，自由接近場面からの遮断化の程度によって強化子が決定されるというものである。上の米山（2019）があげている例で検討すると，「遊ぶ」「トイレ掃除」という

機会を遮断する程度によって「宿題」「いたずら」の出現が変化する，ということになるだろう。

8. 再び，連合という考え方について

　第7章の最初に「連合という考え方」について検討して，パブロフ以来の心理学に多大な影響を与えてきたことを指摘した。そして「レスポンデント条件づけ」「オペラント条件づけ」について検討し，本章のここまで「弁別オペラント条件づけ」についても検討してきた。そこで，あらためて「連合という考え方」について私見も交えて検討してみたい。

　まず，連合という考え方は，理論的には理解することは容易であろう。しかし，この概念の妥当性を考えると，とたんに困難に直面することも事実であろう。理論的に少し厳密に考えると，連合する何かと何かとは，同じ範疇（カテゴリー）に含まれる必要があるので，たとえば，刺激と反応（あるいは，操作化しないで，環境と行動）とが連合するとは，カテゴリーミステイク（カテゴリー錯誤）であるということである。また，方法論的に厳密に考えると，連合するとは何かと何かが関係することであるので，それを証明するのも容易ではないことにも思いが及ぶだろう。その関係が相関関係であれば許容できる可能性は高まるが，因果関係であると著しく困難になるだろうということである。

　第7章において，パブロフの影響を強く受けたワトソンの考え方は「古典的行動主義」と呼ばれると書いた。それに対して「新行動主義 neo-behaviorism」と呼ばれた研究者としては，スキナーの他に，ハルとトルーマンとがいるので，彼らの考え方を簡単に紹介しておこう。ワトソンの古典的行動主義は「刺激S—反応R」の連合と図式化することができるが，新行動主義では，刺激と反応とを媒介するものとして「有機体organism」が想定され「刺激S—有機体O—反応R」の連合と図式化

される。

　ハルは，仮説演繹体系に基づく連合論を唱えたと言われるが，たとえば，刺激と反応に，反応ポテンシャル，動因，習慣といった要因を組み込んだ数式を構築し，動因低減説と呼ばれるモデルを提出している。トルーマンは目的に対する能動性を有機体に認めたことから，認知主義として捉えることもできるが，迷路学習の被験体であるラットの行動を，認知地図によって餌場にたどり着ける，つまり，目的と手段との連合として捉え直した訳である。第12章「観察学習」でバンデューラを取り上げるが，その考え方も新行動主義と言われる。詳しくは第12章を参照してほしいが，「自己効力感」など能動的な主体を想定している。このように，新行動主義の考え方は，現代にも通じて，たいへん魅力的にも思えてくる。現代の心理学者の多くは，この新行動主義の考え方を肯定的に見ていると言えよう。

　最後に，スキナーの考え方であるが，新行動主義というよりも徹底的行動主義（あるいは行動分析学）として知られていると同時に大きな誤解を受けていると思われる。まず，行動分析学では，「刺激S―有機体O―反応R」の連合における「有機体O」は認めない。厳密には「連合」というよりも，「操作化」による「随伴性」という研究方法論を採用している。そこで，上記の「カテゴリーミステイク」に陥ることはないという主張である。そうして，第2章で検討したように，私的事象をシングルケースデザインで確認する，という訳である。また，行動分析学に基づいた応用行動分析学は，さまざまな実践場面で用いられて，成果を出していることは事実である（たとえば，島宗（2019）など）。

学習課題

　ICT を利用したサービスを振りかえり，第 7 章から第 9 章で検討してきた観点と関連すると思われる事例をあげてみよう。

（ヒント）娯楽に関連したサービスを振りかえってみよう。

引用文献

眞邉一近（2019）．オペラント実験箱システム　日本行動分析学会（編）．行動分析学事典　丸善出版

メイザー，J.E.　磯博行・坂上貴之・川合伸幸（訳）（2008）．メイザーの学習と行動　第 3 版　二瓶社

坂上貴之・井上雅彦（2018）．行動分析学—行動の科学的理解をめざして　有斐閣

島　宗理（2019）．ワードマップ　応用行動分析学　ヒューマンサービスを改善する行動科学　新曜社

米山直樹（2019）．プレマックの原理：応用　日本行動分析学会（編）．行動分析学事典　丸善出版

10 ｜ 言語行動

《**目標＆ポイント**》
（1）言語行動について理解する。
（2）ルール支配行動について理解する。
《**キーワード**》 スキナー，言語行動，ルール支配行動，多重制御，マンド，タクト，言行一致，関係フレーム理論，言語共同体，非言語行動

1. スキナー『言語行動』をめぐって

　第2章で，眞邉（2019）による学習の分類を検討したが，その1つに「言語による学習」があり「ルール支配行動」があげられた。「ルール支配行動」の概念も行動分析学によって提示されたものであり，そもそもはスキナーには『言語行動 Verbal Behavior』（1957）という著書がある。

　そこで，行動分析学が言語行動をどのように捉えているか，ということから検討を始めよう。読者には，次のような2つの会話について検討してみてほしい。

【会話1】
（Aが知人Bの部屋に入ったところ，蒸し暑かったという状況で）
A「ちょっと暑いですね」

B（無言でリモコンを操作して冷房を入れる）
A「ありがとうございます」

【会話2】
（会話1と同じ状況で）
A「冷房を入れませんか」
B「図々しいなあ」（と言ってリモコンを操作して冷房を入れる）
A（笑顔で）「恐縮です」

　第3章で「語用論」について簡単に検討したが，このような会話1で
あればAの「ちょっと暑いですね」という発話には「冷房を入れてほし
い」という「言外の意味」があるというように説明することになるだろ
う。会話2であれば，さらに，BはAよりも年長である，というような
状況をも解釈することが可能になるだろう。

　発話行為理論によれば，会話1の「ちょっと暑いですね」は発話行為
であるし，相手に対して「冷房を入れてほしい」という要求をしたりそ
のような意図を伝えるという行為（つまり，発話内行為）をしていると
いうように解釈することも可能である。

　あるいは，ポライトネスの原理によれば，会話2の「冷房を入れませ
んか」と比較すると，会話1の「ちょっと暑いですね」は相手Bに対す
る「気配りの格率」に従っているというように解釈することも可能であ
る。

　ここで，会話2で，Bの「図々しいなあ」の発話の際にBも「笑顔で」
リモコン操作したとすると，BはAよりも年長であるが，そうした冗談
が言えるほどかなり親しい関係にある，というような状況をも解釈する
ことが可能になるだろう。こうして，会話2の「図々しいなあ」という

発話は「賞賛の格率」に従っているというように解釈することも可能である。このように考えると，会話1の「冷房を入れませんか」という発話自体が「謙遜の格率」に従っていたというように解釈することも可能になるだろう。

　第4章で検討したように，このような会話を「認知心理学」の立場から捉えることも可能である。つまり，このような会話も，情報処理の過程とみなして，言葉を理解する過程，言葉を産出する過程，さらには，会話の状況を理解し維持する過程，というように複合的な情報処理過程とみなし，上で述べた語用論での解釈が実現しているのだと捉えることができるわけである。

　これに対して，行動分析学では，これらの会話における言語行動について，次のように説明している。まず，この部屋の蒸し暑いという状況が弁別刺激であり，会話1の「ちょっと暑いですね」は「タクト」と呼ばれる叙述という機能を持った言語行動である。会話2の「冷房を入れませんか」は「マンド」と呼ばれる要求の機能を持った言語行動である。そして会話1でも会話2でも「冷房が入れられる」という強化が得られるという結果になったわけである。

　一方で，会話1でも会話2でも，最初の弁別刺激は「部屋の蒸し暑いという状況」だけではなく「BはAよりも年長であるという状況」をも弁別刺激とみなすことができる。そうすると，会話1の「ちょっと暑いですね」という言語行動は，もしも会話2のように「冷房を入れてほしい」という言語行為をしたら「図々しいなあ」という弱化がもたらされるという結果を回避して「冷房が入れられる」という強化が得られていると説明することができる。さらに，会話2で「Bも笑顔でリモコン操作した」とすると，実は最初から「BはAよりも年長であるが，かなり親しい関係にあるという状況」をも弁別刺激であり，会話2の「冷房を

入れませんか」という言語行動を行い，「笑顔」という強化が得られていると説明することもできてくる。

このように「ちょっと暑いですね」という一見単純な発話であっても，行動分析学の観点から言語行動を捉えてみると，言語行動が自発される状況に多数の弁別刺激があって強化や弱化がなされていることが見えてくる。これはある行動が複数の弁別刺激の制御下にあるということで「多重制御」と言われる。

ここまで，2つの会話を例にして検討してきたが，行動分析学においては，このような「ちょっと暑いですね」という発話は言語行動であるが，同じ機能を持つ（つまり「冷房が入れられる」という強化が得られる）行動としては，たとえば「暑い」という発話でも，空調機を指差すという行動でも，同じ弁別オペラント条件づけとして捉えることができる。つまり，指差し以外でも，筆談，手話，点字でも同じ機能を持つし，

表10-1　スキナーの言語行動の例とその3項随伴性

先行事象	言語行動	後続事象
動機づけ操作（確立操作） 例：水分を6時間遮断 　　塩分をたくさん摂取	マンド：要求言語行動 　自分が欲しい強化子を要求する 　　例　水が欲しくて「ミズ」と言う	動機づけ操作（確立操作）に 関連する強化 例：ペットボトルの水
非言語刺激 例：水たまり	タクト：報告言語行動 　環境の事物や出来事,その特徴などを記述したり, 　報告したりする 　　例　水を見て「ミズ」と言う	般性条件（性）強化 例：賞賛や承認
言語行動と一致した刺激 反応形態も類似した刺激 例：他者が「みず」と言う	エコーイック：音声模倣行動 　他者が言ったことを聞いて繰り返して言う 　　例　他者が「ミズ」と言ったことを聞いて 　　　　「ミズ」と言う	般性条件（性）強化 例：賞賛や承認
言語行動と一致した刺激 反応形態は類似しない刺激 例：他者が「みず」と言う	ディクテーション・テイキング：書き取り 　話された言語を書き取る 　　例　「ミズ」と言われて 　　　　「水」「みず」などと書く	般性条件（性）強化 例：賞賛や承認
言語行動と一致した刺激 反応形態も類似した刺激 例：「みず」「水」という字	コピーイング：書き写し 　書かれた文字を書き写す 　　例　「水」「みず」などの文字を見て, 　　　　「水」「みず」などと書く	般性条件（性）強化 例：賞賛や承認
言語行動と一致した刺激 反応形態は類似しない刺激 例：「みず」「水」という字	テクスチュアル：読字行動 　書かれた言葉を読む 　　例　「水」「みず」などの文字を見て 　　　　「ミズ」と言う	般性条件（性）強化 例：賞賛や承認
言語行動と一致しない刺激 反応形態も類似しない刺激 例：他者が「透明で飲むもの 　　は？」と言う	イントラバーバル：言語間制御 　質問に対し知識や連想によって答える 　　例　「透明で飲むものは？」と聞かれて 　　　　「ミズ」と言う	般性条件（性）強化 例：賞賛や承認

（霜田（2019：420-1）表1及び表2から作成）

ICT を利用したメールや SNS でのメッセージ送信も同じ機能を持つ言語行動として捉えることができる訳である。

　また，上の会話の例でも検討したが，聞き手の「ほほえみ」「笑顔」などの表情刺激や「うなずき」などの身振り・手振り反応，もちろん「なるほど」「ありがとう」「そうだね」などの言語刺激が，話し手の言語行動に対する強化として機能している訳である。

　こうして，行動分析学においては，言語行動と非言語行動との相互作用ということも同じ枠組みで捉えることができるということである。言語行動と非言語行動との相互作用に関連して，行動分析学においては，「意識」を「言語行動」から捉えており，いわゆる「内言」も「言語行動」として捉えていることも指摘しておこう（佐藤，2001）。

　そこで，あらためて，スキナーが言語行動をどのように分類しているか検討しておこう。ここでは，霜田（2019）を参考にして，言語行動の種類ごとに，その名称と簡単な定義と例，その言語行動を制御する先行事象と後続事象とを一覧にまとめてみた（表10-1）。なお，この分類名で「ディクテーション・テイキング」と「コピーイング」以外は，スキナーの造語である。

　ここでは，この内の「タクト」を例にして，話し手と聞き手の刺激性制御と強化の関係についてややくわしく検討しておきたい。タクトは，報告言語行動で，環境の事物や出来事，その特徴などを記述したり，報告したりする。たとえば，子ども（話し手）が母親（聞き手）と散歩中に水たまりを見て「みず」と言う状況を例にしてみる。

　環境事象の中の特定の事物や出来事（水たまり）と聞き手（母親）を弁別刺激として，「みず」と言う言語行動が生起する。

　聞き手（母親）は，その弁別刺激（水たまり）と話し手（子ども）の言語行動（「みず」）とが一致していることに基づいて言語反応（「そう

ね」）を返すが，この言語反応は話し手の言語行動に対する強化子として働く，というわけである。聞き手は言語反応（「そうね」）を取らなくても，「ほほえみ」「笑顔」などの表情反応や，「うなずき」「指差し」などの身振り・手振り反応であっても，言語反応（「そうね」）と同じように強化子として働き，話し手にとっては強化刺激となる。

　こうして，話し手と聞き手との間で（非言語行動も含めて）言語行動が，いわば相互補強的に作用しあって，会話の連鎖という形で，反応連鎖が続いていく，というように捉えることができる訳である（図10-1）。

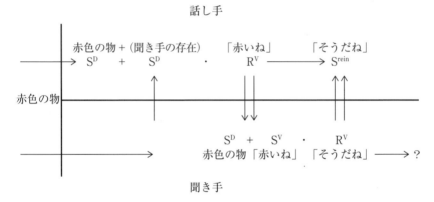

S^D＝弁別刺激，S^V＝言語刺激，R^V＝言語反応，S^{rein}＝強化刺激

図10-1　タクトにおける話し手と聞き手の刺激性制御と強化の関係

（Skinner（1957：84）より作成）

2．ルール支配行動をめぐって

　第2章で「言語による学習：ルール支配行動」を検討した際には，ルールを「いつどんなときに，何をしたら，どうなるかという関係」を記述した言語刺激というように捉えた。人間の言語行動においては，このよ

うなルールは他者から「教示」として与えられる場合だけでなく，自分自身で生成する「自己ルール」になる場合もある。

　第2章で「ルール支配行動」はトラッキング，プライアンス，オーギュメンティングの3つを区別したが，いずれも他者からの「教示」として捉えると良いだろう。

　トラッキングは「言語ルールに従うと，そのルールに従って利益を得たり，不利益を避けられることにより形成・維持される」行動をいう。たとえば，先生が「日差しが強いから帽子を被^{かぶ}りなさい」と子どもに言ったとすると，子どもが帽子を被った結果として日差しを避けることができるならば，「帽子を被りなさい」という「教示」に従う行動は強まることになるだろう。

　プライアンスは「従うと他者から褒められるなど社会的に強化されることにより形成・維持される」行動をいう。上と同じ例で，子どもが帽子を被らなかった結果として先生から叱られたり，逆に帽子を被った結果として先生から褒められたりしたとすると，やはり，「帽子を被りなさい」という「教示」に従う行動は強まることになるだろう。こうして，トラッキングとプライアンスとでは，ルールは弁別刺激として機能していると言えるだろう。

　オーギュメンティングは第2章では「直接ルールは提示しないが，何らかの言語的提示を行うことにより反応の生起頻度や強化子・弱化子の効力を変化させる」行動をいうとしていたが，形成オーギュメンティングと動機づけオーギュメンティングとが区別されている。形成 formative オーギュメンティングは，何らかの言語的提示により，行動に随伴する結果（出来事や事象）に対して強化（あるいは弱化）としての機能が新たに確立されることを言う。たとえば，放送大学について全く知らない人が，知り合いから「放送大学はためになる」と言われて，放送大

学について調べたり入学したりする行動が高まるということである。

　動機づけ motivative オーギュメンティングは，何らかの言語的提示により，行動に随伴する結果（出来事や事象）の機能を強めたり弱めたりすることを言う。たとえば，職場の人間関係に悩んでいる人が，「放送大学で心理学を学ぼう」という広告を見て，放送大学について調べたり入学したりする行動が高まるということである。

　こうして，オーギュメンティングでは，何らかの言語的提示は確立操作として機能していると言えるだろう。

　一方の，自己ルールについては，たとえば，自分が述べたこととこれから行うこととが一致するかということで「言行一致 correspondence between saying and doing」訓練というテーマでの研究も蓄積されている。日常生活では，「約束を守る」というのは社会的な生活を円滑に営むための基本的なマナーであるが，それを支えているのは「現行一致」である。自分が述べたことは自分が行うことへのルールにもなる。本科目の担当者にとっては，締め切りまでに原稿をあげるというのは苦行であった。

　こうして，人間の言語や思考が関係している行動について，話し手の立場からは言語行動として，聞き手の立場からはルール支配行動として区別することができるだろう。

　第3章でも検討したように，言語とは「二重分節」による「生産性」が生まれ，また「生産性」には言語（あるいは記号）の「恣意性」が関与していると言われてきた。これを行動分析学から捉えると，学習や経験の履歴がないにも関わらず，新しい言語行動が生成，つまり創造されるということであり，言語行動とルール支配行動という概念だけでは説明ができないことも認識されていた。

　そこで，ここでは，このような問題意識から提案された「関係フレー

ム理論」について簡単に検討しておこう。関係フレーム理論は，Hayes & Hayes（2001）によって体系化されたものである。その書名の副題には，「ポスト・スキナー」とあり刺激的でもある。

関係フレーム理論では，人間の言語や思考が関係している行動の特徴は，派生的な刺激関係と刺激機能の変換であり，それらの変換は恣意的に適用可能な関係反応によって成立していると捉えている。そして，人間の言語や思考が関係している行動は関係フレームづけと言われる。

人間を取り囲む出来事や事象は，さまざまな刺激とその関係として捉えることができるが，人間の言語では，物理的な関係性からは独立して，ある任意の刺激同士を関連づけると，それに派生した別の刺激間の関係が形成される，ということが成立している。たとえば，「実際の人間は『ヒト』とよぶ」と「『ヒト』は『人』と書く」とを関連づけると，派生的に，「実際の人間は『人』と書く」とか「『人』という文字は実際の人間を指す」ということまでも関係づけられることになる。ここで，実際の人間と「ヒト」と「人」とは等位 coordination な関係にあると言われる。このような関係性としては，反対 opposition，比較 comparison，時間順 temporal，因果 causal などの関係を扱うことも可能であるとされている。

このような関係フレームづけには，相互的内包，複合的内包，刺激機能の変換が区別されている。相互的内包 mutual entailment とは，AはBであるという関係が形成されると，自動的にBはAであるという反対の関係が派生することを言う。複合的内包 combinatorial entailment とは，AはB，BはCという関係が形成されると，自動的にAはCという関係性が派生し，またCはAという関係性が派生することを言う。刺激機能の変換 transformation of stimulus function とは，A，B，Cの内のいずれかの刺激（たとえばA）に対して別の関係づけを行うと，派生

的にA以外のBとCとに対しても同様な関係性が形成される。

　こうしてこのような関連フレームづけは，恣意的に適用可能な関係反応によって成立することになる。つまり，どのような刺激にどのように関係づけが形成されるかは，刺激自体の性質で決められるものではなく，逆に言えば，あらゆる刺激と関係づけられることが可能であるので，その関係性を特定するような状況における何らかの手がかりによって影響を受ける，つまり恣意的に形成されるという訳である。

　この状況における手がかりということでは，言語行動のタクトのように物を叙述するという機能を持つ言語行動であれば，周囲の社会的文脈の中で規定されるということである。言語習得の場面においても，このような般化オペラントという経験を通して，新規な刺激に対しても一貫して関連づけを行うことができるようになってくるという訳である。

3．再び，言語行動をめぐって

　本章では，スキナー『言語行動』をめぐって，行動分析学からの言語行動の考え方や分類について検討し，さらに，ルール支配行動や関連フレーム理論について検討してきた。本章では「言語行動」という用語を使ってきたが，すべて verbal behavior であり，「言語 language」ではないことは注意されたい。人間のコミュニケーション研究では，verbal communication と non-verbal communication とが区別されているが，本章で「非言語行動」は non-verbal behavior である。

　行動分析学においては，その研究自体をも「言語行動」として捉えている。つまり，研究集団とは同じ言語共同体に属しており，その言語共同体に属している他の研究者のオペラント行動による強化（や弱化）によって，研究という行動自体も形成され維持されている，というように捉える訳である（佐藤（2001），武藤（2019）など）。

第5章において，本科目「学習・言語心理学」が対象としている研究に限らず，科学の研究の目的は，記述，予測，制御であるとしたが，行動分析学，あるいは徹底的行動主義の観点からは，研究とは言語行動による制御であると捉えることができるであろう。つまり，記述や予測ということも，研究対象に対して何らかの関係づけを行っているという意味では，制御しているということであろう。

第2章で，活動理論からの学習として「学校制度での学習」「日常生活」について検討したが，人間の活動も，それぞれの活動について言語共同体に属していると捉えることができる。言語共同体ごとにその構造や機能は異なると捉えれば，活動理論から研究が必要である，ということである。本章で検討してきたように，構造は異なるが機能は統一的に捉えることが可能であると捉えれば，行動分析学からの研究を積み重ねるというアプローチも可能であるということである。そのような意味で，武藤（2019b：163）が「臨床言語心理学を新たに学範として発想するにあたり」「文脈主義あるいは社会構成主義的な認識論的な発想に基づいて，その方法が展開されれば，共約可能なパラダイムは構築できる」としていることは参考になるだろう。

最後に，研究活動自体を研究対象として捉えているのは，行動分析学に限定されているのではないことは指摘しておこう。たとえば，第3章で検討した「会話分析」や「エスノメソドロジー」の立場から，投稿論文の査読の研究（樫田（2013）など）がある。「会話分析」や「エスノメソドロジー」の関連領域になるが「科学社会学」の立場から，実験室という科学実践の研究（ラトゥール（1999），上野・土橋（2006）など）がある。さらに，人類学からの科学技術実践の再検討ということも行われている（山下・福島（2005）など）。

ICT を利用したサービスを振りかえり，第7章から第9章で検討してきた観点と関連すると思われる事例をあげてみよう。

（ヒント）娯楽に関連したサービスを振りかえってみよう。

引用文献

Hayes, S., C., Barnes-Holmes, D. and Roshe, B.（Eds.）（2001）. *Relational Frame Theory: A Post-Skinnerian Account of Human Language and Cognition.* Springer

樫田美雄（2013）. 論文査読の現実　平岡公一・武川正吾・山田昌弘・黒田浩一郎（監修）. 研究道：学的探究の道案内（pp.280-299）　東信堂

ラトゥール, B.　川崎　勝・高田紀代志（訳）（1999）. 科学が作られているとき：人類学的考察　産業図書

武藤　崇（2019a）. 研究の機能　日本行動分析学会（編）. 行動分析学事典　丸善出版

武藤　崇（編）（2019b）. 臨床言語心理学の可能性―公認心理師時代における心理学の基礎を再考する―　晃洋書房

佐藤方哉（2001）. 言語への行動分析学的アプローチ　日本行動分析学会（編）. ことばと行動　言語の基礎から臨床まで（pp.3-22）　ブレーン出版

霜田浩信（2019）. マンド　日本行動分析学会（編）. 行動分析学事典（pp.420-423）　丸善出版

Skinner, B. F.（1957）. *Verbal behavior* Prentice-Hall

上野直樹・土橋臣吾（編）（2006）. 科学技術実践のフィールドワーク―ハイブリッドのデザイン　せりか書房

山下晋司・福島真人（編）（2005）. 現代人類学のプラクティス　科学技術時代をみる視座　有斐閣

参考文献など

内田伸子（編）（1998）. 言語発達心理学　放送大学教育振興会

ヴィノキュアー, S.　佐久間　徹・久野能弘（監訳）（1984）. スキナーの言語行動理論入門　ナカニシヤ出版

11 | 知覚運動学習

《**目標＆ポイント**》
（１）知覚運動学習について理解する。
（２）知覚運動学習の位置づけについて理解する。
《**キーワード**》 感覚・知覚と運動との協応，言語行動と非言語行動との相互作用，技能学習，道具使用，練習曲線（学習曲線），プラトー（高原状態），制御，開ループ制御，閉ループ制御，練習，全習法，分習法，分散練習，集中練習，レミニセンス，保持，転移，両側性転移，フィードバックの効果，内的フィードバック，外的フィードバック，結果の知識（KR），パフォーマンスの知識（KP），限界的練習（熟慮を伴う練習）

1. 感覚・知覚と運動との協応

　第１章において，本科目「学習・言語心理学」に最も関連する科目は「知覚・認知心理学」であることを検討したが，その理由をあらためて検討してみることから本章を始めよう。

　やはり第１章において検討したが，人間を含め生物は，環境の中で生きているわけであるが，生物はその環境から，当該の生物にとって重要な情報を引き出してくる必要がある。たとえば，周りの環境に何か危険な出来事が起きたり危険な他の生物に出会ったりすると，当該の生物の命が失われてしまう可能性が高まるので，その危険をいち早く察知して，その危険から遠ざかることが必須になる。これを心理学的な用語を使っ

て説明し直してみると，環境から情報を引き出すために，当該の生物は
その感覚器官を使って知覚をして，より複雑な判断である認知をして，
その動作や運動のための器官を使って行動をする，ということである。
高等な生物になるほどに，脳神経系という器官が使われることになる。

　そこで，本科目においても，ここまで単純に「行動」と言ってきたが，
厳密には，「感覚や知覚（さらには認知）に基づいた行動」と言うこと
である。つまり，行動とは，感覚や知覚と運動とが協応していることが
前提となっている，ということである。

　第1章では，本科目「学習・言語心理学」に最も関連する研究領域と
しては「言語学」であること，また，本科目「学習・言語心理学」全体
としては「言語行動」を主題とすることが可能であることも検討した。
そこで，「言語行動」を少し振り返ってみると，「言語行動」も「感覚や
知覚に基づいた行動」であることが分かるだろう。対話場面であれば，
相手の話や身体を「感覚し知覚して」何らの判断をした上で発話器官を
動かすという「行動」をしている，つまり話すという言語行動をしてい
る，ということである。そして，第4章で，発話の連鎖を例にして，検
討した通りである。

　また，第10章でも触れたが，言語行動と非言語行動との相互作用とい
うこともあり，身振り・手振りや表情の変化，身体の向きや移動など，
それぞれの「感覚や知覚に基づいた行動」を同時にしていることも指摘
しておいて良いだろう。

　第2章で紹介したが，眞邉（2019）は，その行動の分類としては，習
得的行動＞実体験による学習＞連合学習＞オペラント条件づけの1つと
して「感覚運動学習」を取り上げているが，本章の内容に相当している。
また，別の用語になるが「技能学習 skill learning」とも言われる内容
にも相当している。以上を，本章では「知覚運動学習」として検討して

いこう。

2. 道具の利用ということ

　心理学の歴史においては，その初期から知覚運動学習が取り上げられてきている。たとえば，Bryan & Harter（1897）は，モールス信号を用いた電信作業の上達過程を検討している。参加者は 1 人の訓練生であるが，40週に渡って練習過程を観察して，作業の上達過程を検討したものであった。練習初期には大きな成績の上昇が見られるが，その後は成績の上昇率が少しずつ下がっていき，途中から上昇が見られない，いわゆるプラトー（高原状態）が見られる，ということが観察されている。これは「練習曲線（学習曲線）」と言われる。

　また，第 8 章で「試行錯誤学習」を取り上げたが，Thorndike（1927）も，「3インチの長さの線分を正確に引く作業」を取り上げてその練習効果を検討している。この研究では，自分の作業が見えないように目隠ししてすることを参加者に求めているが，線分を引くたびに一定基準内の長さの線が書かれた場合には「正しい」，基準を超える線の場合に「間違い」というフィードバックを行う条件と，何も返さない条件とを比較して，フィードバックを与える条件でのみ練習効果が見出されたとしている（フィードバックについての議論の続きは後述する）。

　このように初期の知覚運動学習を検討したが，読者はどのように思うだろうか？　何と古臭い，単純な課題を扱っていたのかと思う読者が多いだろう。しかし，これらの課題は現代にも通じる意味を持っている。つまり，これらは，道具を利用している課題であるということである。Thorndike（1927）の課題では，筆記具と紙という道具が使われている。Bryan & Harter（1897）では，モールス信号（という当時の最先端の）情報通信技術を使った，さらに，専用の機器を使った課題であるという

だけでも，たいへん興味深い。

　人間にとっての「道具」の意味についても，多くの議論がなされ，さまざまな観点からの研究が積み重ねされてきた。第 1 章では，現代という観点から「情報学」や「情報通信技術 ICT」に触れたが，より広い観点からは「技術」や「技術史」ということになる。「道具」や「技術」をめぐる「哲学」や「思想」，人間以外の生物の「道具」利用についての比較心理学からの研究など話題は尽きないと言える。

　この科目「学習・言語心理学」では「言語」や「言語行動」について検討することが多い訳であるが，人間にとっては「言語」とは「道具」である，と言われることも多い。たとえば，第 2 章で紹介した活動理論の創始者とされる Vygotsky（1979）は，「物理的道具」からのアナロジーと言えるが，「心理的道具」という概念を提出しており，人間にとって言語とは「心理的道具」であるばかりか，道具の中の道具，道具の王様であると言っている。上で「言語行動」も「感覚や知覚に基づいた行動」であると書いたが，「言語」によって「行動」を制御するということまでも想定することができる，ということでもある。

　筆者は，放送大学の面接授業も担当しているが，面接授業「心理学実験」においては，その課題の 1 つとして，鏡映描写課題を取り上げている。筆者自身も面接授業のたびに，研究参加者という立場で，鏡映描写課題に取り組んでみていた。その際に，実際に言葉が出る時も，言葉が出ても他人からはブツブツとしか聞こえないような言葉である時も，さらには，まさに頭の中で内言している時もあるわけであるが，言葉を使って，自分の描写する行動を制御していた感覚があるのを経験してきた。これは，自分の身体を道具としている感覚と言えるかもしれない。以上は，あくまでも筆者の主観であるが，スポーツや芸能とは，まさに自分の身体を道具として使いこなし，いかに美しい姿として見せることがで

きるかを競っているのだと納得できることも事実である。実は，このこ
とは，運動制御ということに関連しているので，節をあらためて検討を
続けよう。

3. 制御ということ

　制御 control とは，初期状態から目標状態へ向かって適切に道具を操
作していくことである。そうして，運動制御とは，身体を動かす運動に
ついての制御ということである。本科目では ICT との関連についても
検討しているが，ICT を支えているのは通信工学や制御工学であり，そ
の基本に制御の考え方がある。また，本科目は認知心理学との関連が深
いことも検討しているが，人間を情報処理システムとして捉え，そのシ
ステムへの入力から，適切な出力までの処理の過程とは，制御の過程と
して捉えることも可能であるということである。

　制御は，開ループ制御と閉ループ制御とに区別される。フィードバッ
クが組み込まれた制御が閉ループ制御であり，フードバックが組み込ま
れていない一方向の制御が開ループ制御である。フィードバックについ
ては後述する。

　上で，言語行動も知覚運動学習の事例であることを述べた。対話場面
で相手の様子を見ながら言語行動を調整していくことはフィードバック
として捉えることができる。第4章で発話の連鎖を検討した際には，話
し手の発話は，話し手自身も聞いていることを検討したが，これもフィー
ドバックとして捉えることができる。このように，言語行動はフィード
バックが組み込まれた閉ループ制御として捉えることができる訳であ
る。

　制御理論の観点から，知覚運動学習の検討もされている。たとえば，
Adams（1971）は，知覚痕跡と記憶痕跡との2段階を区別している。知

覚痕跡は最初の制御システムへの入力に対応している。新しい知覚運動学習を開始する際には，知覚痕跡は存在していないか，存在していても微弱であろう。記憶痕跡は制御システムの機能に対応している。新しい知覚運動学習について，その正しい運動の際の感覚を学習し，自分の運動器官の動きを協応させることを学習することも必要になる。

4．さまざまな練習

　知覚運動学習という研究領域では，「練習」ということが基本的な研究テーマの１つであり，さまざまな「練習」について研究が行われ，その効果が検討されてきているので，そのいくつかを紹介しよう。とは言え，研究対象としている運動ないしは課題において，どれくらい複雑な動作の系列があるのか，性質の異なる動作の組み合わせがどれくらいあるか，などに応じて，さらには，研究参加者の個人属性や動機づけの水準などの要因によって，どのような練習方法が効果的であるか結論を下すことは困難であることは，読者も容易に理解できるだろう。

全習法 whole method　対　分習法 part method
　全習法は，運動が一連の動作からなっている場合に，そのすべての動作をひとまとまりにして最初の動作から最後の動作まで練習し，それを繰り返す，つまり反復することを言う。分習法は，そのような一連の動作の内の１つの動作を別々に練習していくことを言う。さらに，全習法と分習法とを組み合わせて，要素数を少しずつ増やしていく累進的分習法もある。

分散練習 distributed practice　対　集中練習 concentrated practice
　練習を繰り返すということであるが，一定の練習毎に休憩を挟みなが

ら練習を繰り返す分散練習（分散法）と，休憩を挟まずに練習を連続する集中練習（集中法）という区別である。一般的には，分散練習の方が効果が高いと言われるが，休憩中に，疲労が回復するとか，課題についてリハーサルができるということもあるが，練習終了後一定時間が過ぎると成績が上昇するレミニセンスがあることも知られている。

5．保持と転移

　練習を繰り返すということは，同じ課題に取り組むことを繰り返す，つまり，想定される運動や同じであるということが前提であるが，そのようにして一定の練習を繰り返して獲得された学習（技能）は，どのくらい保持されるのだろうか？

　日常生活の場面では，たとえば，いったん自転車に乗れるようになると，しばらく自転車に乗っていなくても，すぐに自転車に乗れるということは経験しているだろう。たとえば，Swift（1905）は，ジャグリングの技能が1年以上の休止期間があっても維持されていることを報告している。

　同じ課題であれば練習を繰り返したということとみなすことができるが，異なる課題であると「転移」と言われることになる。つまり，先に練習して獲得した学習が，次の別の学習を促進する「正の転移 positive transfer」と，次の学習を阻害する「負の転移 negative transfer」とがある。そして，運動器官の側性の転移（両側性転移 bilateral transfer）についても知見も蓄積されている。たとえば，鏡映描写課題を利き手で行う学習が，非利き手での遂行 performance を促進するといったことである。

6. フィードバックの効果

　ここまで，「練習を繰り返す」と書いてきたが，実は，単純に同じ動作を繰り返しているのではない。目標としている動作と，その練習回で実際に行った動作とを比較して，どこがどれくらい異なるのか，きちんと把握できなければ，次の練習回での動作の改善を期待することはできないと言える。これは，「フィードバックの効果」と言われる領域で研究が蓄積されてきたことである。

　フィードバックについても，その分類から検討していこう。まず，内的フィードバック internal feedback と外的フィードバック external feedback との区別である。練習をしている本人は，自分の体や手足を動かしているので，その内的な感覚を持つことができ，その感覚に基づいて同じ動作をリハーサルしたり，何らかの言葉で表すこともできるであろうが，これは内的フィードバックと言われる。一方で，他人（実験であれば実験者，たとえばスポーツ選手の練習場面であればコーチ）から，多くの場合，言葉で何らかの評価として与えられるが，これは外的フィードバックと言われる。

　次に，結果の知識（knowledge of results: KR）とパフォーマンスの知識（knowledge of performance: KP）との区別がある。さらに，結果の知識 KR では，量的フィードバックと質的フィードバックとがある。目標と実際との違いを量的な情報で与えるのが量的フィードバック，「正しい／間違い」「当たり／外れ」など質的な情報で与えるのが質的フィードバックと言われる。

　上で Thorndike（1927）の「線分を正確に引く作業」を取り上げたが，その後の研究で，「効果の法則」よりも「結果の知識」として解釈するのが妥当であろうということも言われている。たとえば，Trowbrigde

& Cason（1932）は，Thorndike（1927）の2つの条件の他に，量的 KR 条件を設けた。この条件では，量的に，実際に引かれた線の誤りの量（と方向）を1/8インチ単位でフィードバックを与えた。その結果，質的 KR 条件よりも，さらに量的 KR 条件の方が高い練習効果が見られた。

　一方でこのような量的 KR の精度が高すぎたり，質的 KR でも細かすぎる表現を使うと，練習効果が見られないとか阻害してしまうということも知られており，関与している要因間のバランスに見合った適切なレベルでフィードバックを与える必要があるということであろう。

　パフォーマンスの知識 KP についても，さまざまな研究が蓄積されている。パフォーマンスとは，その課題を遂行している過程 process であるので，それをビデオ映像で記録したものを使ったり，動作や生理的状態の変化を示す情報を使ったりすることになる。あるいは，パフォーマンスについて言語によるフィードバックを使うことができ，叙述や命令という形をとることになる。

　こうしてフィードバックには，第10章で検討した「ルール支配行動」としての側面があることが分かるだろう。また，第12章で検討するが「観察学習」，正確には「自己の」「観察学習」としての側面もあることが分かるだろう。

7. 知覚運動学習の理論について

　さまざまな研究の結果を統一的に解釈するための理論が提出されてきており，本章の主題である知覚運動学習に限らないが，認知主義に基づいた理論も提出されているので簡単に紹介しておこう。

　Fitts（1964）は，熟達した技能に至る過程に関して，3段階を想定している。

(1)認知的段階：最初の段階では，課題の性質を理解することから始ま

るが，この段階では運動技能は言語化されることが多く，宣言的知識として記憶され，それをリハーサルを通して動作を実行していく。

(2) 連合的段階：次に，さまざまな刺激入力に対して適切な動作（反応）が連合される段階が続く。フィードバックを利用したり練習方法を工夫したりして，いちいち言語化しなくても動作を実行することができるようになってくる。つまり，手続き的知識への変換がなされるようになってくる段階と言える。

(3) 自動的段階：意識的に努力しなくても，自動的に動作を遂行することができる段階であり，技能の完成と言える。運動技能は手続き的知識によって制御されると考えることができる。

　Schmidt（1975）は運動学習に「スキーマ理論」の考え方を取り込んでいる。たとえば，ゴルフのパッティング技能であれば，パットの際には，どの程度の力でボールを打つとボールはどれくらい転がるかというように，打つ強さと距離との関係について法則なりルールを獲得することが大切になる。ここで，法則やルールをスキーマとして捉えることができる，ということである。

8．知覚運動学習の熟達とは

　本章のまとめという意味で，知覚運動学習の熟達という問題について私見を交えて検討しておきたい。

　まず，上で「練習曲線（学習曲線）」について検討したが，知覚運動学習とは「プラトー（高原状態）」が見られた段階で完成されたとみなされるのだろうか？　研究では「操作化」が必要であり，知覚運動学習の研究対象とした課題について，その目標値なり正解を設定しておく必要はある。しかし研究者はあらゆる領域で「専門家」や「熟達者」ではないので，そもそも目標値なり正解を設定しておくことができるのか？

という根本的な限界があるということである。

　たとえば，上で紹介した Fitts（1964）の「自動的段階」に到達したとしても，それが最終段階ではないことは明らかであろうし，Schmidt（1975）の「スキーマ」にしても知覚運動学習の熟達に応じて変化していくことは認めざるを得ないだろう。

　そこで，エリクソン・プール（2016）の議論が参考になるだろう。エリクソンはさまざまな領域の「専門家」や「熟達者」の研究を通じて，端的には，上で書いた「プラトー（高原状態）」から脱して上の段階に進むのかということで，「限界的練習（熟慮を伴う練習）deliberate practice」という考え方を提出している。上で「練習を繰り返す」と書いたが，（主観的な表現になるが）その1回1回の練習に真剣に取り組むということを何度も何度も繰り返して，初めて「プラトー（高原状態）」を超えることができるということである。

　以上は，ある領域，あるいはあるスキルの熟達，つまり，熟達の程度を深めるということである。しかし，熟達には，異なる領域に挑む，スキルの数を増やしていく，つまり，熟達の範囲を広げるということもある。

　学校における学習でも，職場における学習でも，ましてや，日常生活における学習でも，ある一定の熟達レベルにあるからこそ，それぞれの学習が問題なく営まれているのであろうし，ごく自然に自分の得意な分野や領域やスキルを広げていく，ということもしていると言える。

　このように考えていくと，第10章の「ルール支配行動」で紹介した「関係フレーム理論」の，「派生的な刺激関係と刺激機能の変換」は「恣意的に適用可能な関係反応によって成立している」という考え方の有効性を再認識したくなってくる。つまり，練習の繰り返しによって，過去経験の履歴の中で，恣意的に何らかの関係が成立することによって，パ

フォーマンスが上がるということである。

　いずれにしても，理論を選択するのは読者に開かれた問題であるし，知覚運動学習（の熟達）の研究も途上である，ということである。

学習課題

　自分が身につけた技能（スキル）はどのような練習をしてきた結果であるのか，振り返って言葉で表現してみよう。

引用文献

Adams, J. A. (1971). *A close-loop theory of motor learning. Journal of Motor Behavior, 3*, 111-150.

Bryan, W. I. & Harter, N. (1897). *Studies in the physiology and psychology of the telegraphic language. Psychological Review, 4*, 27-53.

エリクソン, K. A.・プール, R.　土方奈美（訳）(2016). 超一流になるのは才能か努力か？　文藝春秋（Ericsson, K. A. and Pool, R. (2016). *Peak: Secrets from the New Science of Expertise.* Houghton Mifflin Harcourt.）

Fitts, P. M. (1964). *Perceptual motor skill learning.* In Arthur W. Melton, A. W. (Ed.). *Categories of Human Learning.* Academic Press

Schmidt, R. A. (1975). *Schema theory of discrete motor skill learning.* Psychological Review, *82*, 225-260.

眞邉一近 (2019). ポテンシャル学習心理学　サイエンス社

Swift, E. J. (1905). *Memory of a complex skillful act. American Journal of Psychology, 16*, 131-133.

Thorndike, E. I. (1927). *The law of effect. American Journal of Psychology, 39*, 212-222.

Trowbrigde, M. H. & Cason, H. (1932). *An experimental test of Thorndike's theory of learning. Journal of General Psychology, 7*, 245-260.

Vygotsky, L. S. (1979). *The instrumental method in psychology.* In J. V. Wertsch. (Trans. & Ed.), *The concept of activity in Soviet psychology* (pp.134-143). M. E. Sharpe.

参考文献など

フィッツ, P. M.・ポスナー, M. I.　関　忠文他（訳）(1981). 作業と効率　福村出版

シュミット, R. A.　調枝孝治（監訳）(1994). 運動学習とパフォーマンス：理論から実践へ　大修館書店

12 | 観察学習

《**目標＆ポイント**》
（1）観察学習について理解する。
（2）観察学習の位置づけについて理解する。
《**キーワード**》 観察学習，社会的学習，局所強調，刺激強調，観察条件づけ（代理条件づけ），代理強化，模倣，ミラーニューロン，新生児模倣，般化模倣，バンデューラ，自己調整，自己効力感，メディアの効果

本章は「観察学習」としているが，第2章で紹介した眞邉（2019）による学習の分類のうち，「観察による学習」のことを想定している。眞邉（2019）は「社会的学習」としているが，本科目では「観察学習」として検討していく。

1. ヒト以外の動物の社会的学習

眞邉（2019）によれば，ヒト以外の動物にも社会的学習が見られるということで，局所強調と刺激強調，観察条件づけと観察学習をあげている。

局所強調 local enhancement は，他個体が特定の場所で強化される状況を観察することによって，その場所に対する注意が向けられやすくなり，学習が促進されることを言う。味覚嫌悪条件づけが形成されたカラ

ス（経験個体）と，そのような条件づけが形成されていないカラス（未経験個体）とで一緒に餌を探す場面と，未経験個体のみで餌を探す場面を比較して，未経験個体は経験個体と一緒の条件では，餌を探す場所に関する発見学習が促進されるという研究例があげられている。

　刺激強調 stimulus enhancement は，他個体が特定の刺激に関わっているのを観察すると，その刺激と物理的に同じ刺激と関わる確率が高まることを言う。ハチの採蜜行動において，他のハチが採蜜行動をしたのと同じ色の花に飛行する確率が高まったという例や，幼鳥が，他の幼鳥が採餌したのと同じ色の餌皿から採餌する確率が高まったという例があげられている。

　観察条件づけobservational conditioning，あるいは代理条件づけvicarious conditioning と言われるが，他個体が特定の刺激に対して（レスポンデント）条件反応をしている状況を観察することにより，観察した個体も同じ刺激に同じ反応を示す，ということも知られている。サルには恐怖反応の観察条件づけが可能であるという例がある。

　眞邉（2019）は観察条件づけの例として，母親が台所でゴキブリに恐怖反応を示す様子を観察した子どもが，母親と同時にゴキブリに恐怖反応を示すようになるという例をあげているが，人でもこのような社会的学習は成立している。この例をもとにして考えてみると，局所強調とは，その台所という特定の場所での学習（この場合には嫌悪学習であるが）が促進されるということである。また，ゴキブリと同じ色の刺激への学習の確率も高まるということである。

　他個体がオペラント条件づけをしているのを観察することにより，同じオペラント条件づけによって成立することを観察学習 observational learning，あるいは代理強化 vicarious reinforcement と言う。

　動物を被験体とする場合，上で検討した局所強調や刺激強調が生起し

ている可能性を排除するために，観察される被験体と観察する被験体とで，反応対象の物理的特徴が同一で，反応結果も同一であるが，複数の異なる反応を自発することができるように，実験状況を統制する必要がある。そこで，たとえば，ラットがレバーを動かす方向が左右どちらかに動かすことで強化される様子を観察した別のラットが，強化されたのと同じ方向にレバーを動かすことを観察した実験例があげられている。これは，ラットが他個体ラットを模倣する imitate と捉えることができる訳である。

　観察学習には，言語行動を行う能力は不要であると言えるので，比較心理学からの研究も盛んである。後述するが，生理心理学との接点ということで，比較認知科学という研究領域も成立するに至っている。

2．ヒトの模倣学習

　このようにヒト以外の動物でも観察学習を確認することは可能であると言えるが，一方で，春木（2000）が述べているように「観察学習は人間以外の動物ではほとんど不可能であると言ってよい。猿類でかすかにその微候が見られるが，確実ではない。(p.104)」と評価しておく方が安全とも言えるだろう。春木（2000）は観察学習について「人間ならではの学習の形態の1つ」として，「モデルの行動を見ることだけで，その行動を学習してしまう」「人間はさらに聞くことだけで，学習してしまう」「これも言葉を持つ人間個有（ママ）の学習で」「教示による学習であるが，観察学習は人間のこのような高度な学習形態の原初的なものである。(p.103)」と定義している。

　さらに，模倣と観察学習との関連について，春木（2000）は，「模倣の学習」と「模倣による学習」とを区別している。「模倣の学習」とはモデルと同じ反応をすることを学習すること，「模倣による学習」とは

モデルと同じ反応をすることによって，モデルが習得している刺激・反応の結合を一気に学習してしまうこととしている。一方で，「模倣の学習」と「模倣による学習」との間には「かなりの飛躍があり（中略）人間は模倣の過程を内在的に言語によってなしている（p.105）」ために，研究が困難であるとしている。

　ここで，幕内（2013）の議論が参考になるので紹介しよう。すなわち，「模倣」という現象は，最近の社会性に関する脳基盤研究の立場から注目されており，たとえば，ミラーニューロンの発見というような話題がある。しかし，「模倣」についての明確な定義がないために，諸研究を評価し解釈することが困難であるとしている。「模倣」について明確に定義するということに関連して，Whitenら（2004）の分類を紹介しているので，ここでも検討しておこう（図12-1）。

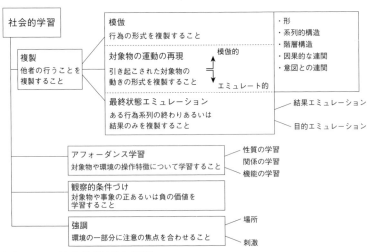

図12-1　社会的学習の分類
　　　　（Whitenら（2004：39）Figure 1 より作成）

　この図12-1で、「観察的条件づけ」「強調」は、上で検討した眞邉（2019）の分類と同じである。「複製 copying」は、モデルの行動をそっくりそのまま真似することである。その中で「模倣」「対象物の運動の再現」「最終状態エミュレーション」が区別されている。モデルの行動を真似するわけであるが、「模倣」とは、その行為の形式を真似することである。「対象物の運動の再現」とはモデルの行動の対象物の運動形式が同じになるようにすることである。「最終状態エミュレーション」とはモデルの行動の目的あるいは結果が同じようになるように行為することである。「模倣」における「行為の形式」及び、「対象物の運動の再現」における「行為対象物の運動形式」については、さらに、「形」「線形構造」「階層構造」「因果関係」「意図との連関」という観点から区別できる。

　「アフォーダンス学習 affordance learning」は、モデルと対象物や環境との操作的な関係を学習することである。第1章で生態心理学について触れたが、アフォーダンスという考え方は、生態心理学者のギブソン（James Jerome Gibson, 1904-1979）によるものである。その学習の内容としては、対象物や環境自体の性質についての学習、モデルと対象物や環境との関係についての学習、モデルと対象物や環境との操作がどのような機能であるのかについての学習という観点を区別することができる。

　このように「模倣」とその関連概念とをあらためて振り返ってみると、この現象の複雑さが分かるだろう。本科目「学習・言語心理学」の対象として「言語行動」を取り上げてきているが、他者（モデル）の言語行動を模倣すると言っても、音声言語において声色をまねる、話し方をまねる、同じ文を言う、同じ内容を言う、発話に伴う非言語的コミュニケーションとしての身振り・手振りをまねる、などさまざまな模倣がある。

他人の書く行動をまねるという場合でも，筆記道具や書かれる紙をまねる，筆記道具の使い方をまねる，書かれた文字をまねる，書かれた文字（や文章・文書）の公表の仕方をまねる，といったように，議論のレベルが異なる基準で考えることが可能な，さまざまな模倣の仕方があることも理解できるだろう。

さらには，「模倣の熟達」ということもあり，絵画を模写するとか，ものまねが芸能になっていることも指摘しておいて良いだろう。科学においても，研究対象を模倣する，そして記録する，ということは，現代科学においても，大切なことである。

この節の最後に「模倣の熟達」とは逆のことになるが，「新生児模倣」についても検討しておこう。「新生児模倣」とは，他者の顔の動き，特に舌出し行動を模倣する現象のことを言い，チンパンジーでも観察されている。森口・板倉（2013）によると，「新生児模倣」についても，ミラーニューロンシステムとの関連など神経生理学的な研究や，「心の理論」などの他者理解についての発達研究なども蓄積されているが，そもそも「新生児模倣」が「模倣」であるのかという定義問題もあることが指摘されている。つまり，「新生児模倣」は「探索」行動である，ということである。

3. 観察学習の理論

観察学習の捉え方や理論についても，行動主義ならびに認知主義の立場を区別することができるだろう。

「般化模倣 generalized imitation」とは，モデルの複数の行動の模倣を強化した後で，同じモデルの別の行動を観察すると，強化していないのに，その別の行動の模倣が見られることを言う。徹底的行動主義の立場からということになるが，米山（2019）によると，般化模倣における

弁別刺激としては，外的な弁別刺激，モデルの反応，モデルに与えられる強化子全体としており，「全体」という曖昧な表現をとっている。般化模倣における強化子としては，モデルの行動に一致させるという模倣行動そのものに，運動感覚や一致感といった模倣性強化子が存在していることがうかがわれる，としており，やはり「うかがわれる」と曖昧な表現をとって説明している。とは言え，観察学習は強化とは何らかの関係があることは認めざるを得ないだろう。

　春木（2000）は「媒介理論」をあげている。つまり，モデルを観察する学習者にとって，刺激と反応とを介在する「媒介過程」を想定することで，観察学習を説明しようというものである。そして，人間にとっては，多くの場合，媒介過程に言語行動が関与しているとしている。

　以上の行動主義からの捉え方や徹底的行動主義からの説明の仕方には限界があるというよりも，研究の現状，すなわち，研究対象である観察学習という現象の難しさ，困難さを見据えて，まだまだ研究途上であるということの表明であると捉えておくべきであろう。あるいは，研究対象となっている学習者の過去の行動の履歴を完全に記述することは不可能であるので，観察学習に影響する要因の分析をするのには限界がある，ということである。

　さらには，第5章で検討したが，このことは，それぞれの研究者が研究目的や研究対象をどのように捉えているか，ということとも大いに関連しているということである。実践的な研究を目的としている研究者にとっては，目の前にいる，ある特定の参加者が抱える問題を解決しようとする際には，その参加者の過去の行動履歴に関わることをできる限り把握しようとするだろう，ということである。逆に，人間一般の特性を明らかにすることを目的としている研究者にとっては，個人差は測定誤差とみなす，ということである。以上のようなことは，認知主義の立場

でも同様であろう。

さて，認知主義の立場ということで，上の「媒介過程」として認知的な過程を想定している，と要約することは可能であろうが，Bandura（1986）の考え方について検討しておこう。

まず「ボボ人形への攻撃行動についての観察学習の実験」としてよく知られている実験を紹介しておこう。ボボ人形と呼ばれる，空気で膨らませた大型の人形を用意する。モデル役の大人が暴言を吐きながら，ボボ人形に馬乗りになって叩いたり，投げ飛ばしたり，突き飛ばしたり，蹴っ飛ばしたりするという動画（攻撃映像）を撮っておく。そうして，幼児を2条件に分け，片方の条件では攻撃映像を視聴してもらい，残りの条件では何も視聴しないようにする。その後，ボボ人形を含めさまざまなおもちゃが置かれたプレイルームに幼児を連れて行き，そこでの幼児の行動を観察する。すると，攻撃映像視聴条件の幼児では，モデル役の大人が行った攻撃行動（暴言も含む）や，それに類似しているが新しい言動をすることが観察されたが，何も視聴しなかった幼児では，そのような攻撃行動はほとんど観察されなかった。

この実験は，後の「メディアの人間に及ぼす効果」研究にも大きな影響を与え，最近の ICT を利用した各種のサービスにおける映像の人間への効果という問題にも直結しているわけであるが，ここではこれ以上は触れず，後述することにする。

Bandura（1986）は，「観察学習を司る下位過程 subprocesses governing observational learning」と題して，図にまとめているので，簡単に紹介しておこう（図12-2）。

Bandura（1986）考え方は，大枠としては，「モデルとなる事象 modeled events」が観察者 observer に入力されると，「注意過程」「保持過程」「産出過程」「動機づけ過程」を経て，「（モデルと）照合するパター

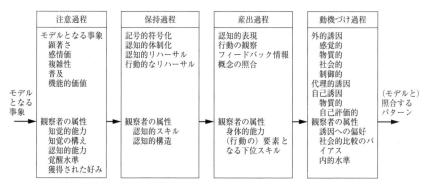

図12-2　観察学習を司る下位過程

（Bandura（1986：52）Figure 3 より作成）

ン matching pattern」が観察者から出力される，というものである。上でボボ人形実験で検討したように，攻撃映像視聴条件の幼児はモデル役と全く同一の行動を示している訳ではなく「（モデルと）照合するパターン」として諸行動を示す，ということである。

　「注意過程」から「動機づけ過程」までの4つの下位過程のそれぞれで，観察者の属性 observer attributes として，別々の属性が関与していることも示されている。

　まず「注意過程」は，文字通り，「モデルとなる事象」の「顕著さ salience」や「感情価 affective valence」などの属性に注意をして，観察者にとって重要な情報を識別するということであり，「知覚的能力 perceptual capabilities」や「知覚の構え perceptual set」などの「観察者の属性」が関与しているということである。

　「保持過程」では，前の注意過程で識別された情報を「記号的符号化 symbolic coding」し概念として「認知的体制化 cognitive organization」し，記憶する（つまり保持する）が，その際に「認知的リハーサル cognitive rehearsal」や「行動的なリハーサル enactive rehearsal」も行わ

れる。この保持過程では，「認知的スキル cognitive skills」と「認知的構造 cognitive structure」という観察者の属性が関与している。

　「産出過程」は，保持された概念を行動に変換して産出する過程であり，その行動の「認知的表現 cognitive representation」や「行動の観察 observation of enactments」，さらには「フィードバック情報 feedback information」や「概念の照合 conceptual matching」によって行動の修正を行う。この産出過程では，「身体的能力 physical capabilities」と「（行動の）要素となる下位スキル component subskills」という観察者の属性が関与している。

　「動機づけ過程」にはさまざまな誘因 incentives が伴う。つまり観察学習をして実際に行動することが動機づけされるということである。感覚的 sensory，物質的 tangible，社会的 social，制御的 control に区別される「外的誘因 external」，観察された利益やコストによる「代理的誘因 vicarious incentives」，物質的 tangible と自己評価的 self-evaluative とに区別される「自己誘因 self-incentives」という3つの誘因があげられている。観察者の属性としては，誘因への偏好 incentive preference，社会的比較のバイアス social comparative biases，内的水準 internal standards が区別されている。この動機づけ過程を経て，実際の行動が取られることになるわけである。

　さて，この「観察学習を司る下位過程」でも示されているが，観察者が実際の行動をすることに先行して，さまざまな要因が関わっている。その中でも，Bandura（1986）は，「自己調整 self-regulation」や「自己効力感 self-efficacy」といった概念の大切さをあげているので，簡単に検討しておきたい。

　この下位過程の最後「動機づけ過程」に「自己誘因」があげられていたように，人間には自分の行動を統制する能力があるということである。

そして，「自己調整」は，「自己観察」→「判断過程」→「自己反応」という3つの下位過程から成るとしている。「セルフコントロール」という言い方もある。

　実際の行動をすることに先行する要因として，人間は結果予期と効力予期とを想定している。結果予期とはある行動をすることによってある結果が生み出されることを予期すること，効力予期とは，そのようなある結果を生み出すために必要な行動をどの程度うまく遂行することができるかについて予期することと言われる。こうして，「自己効力感」とは，この効力予期についての認知（知識や信念）のことと言われる。

4. 情報化社会における観察学習ということ

　本章のまとめという意味で，観察学習について情報化社会という観点から，私見を交えて検討しておきたい。

　本科目では，現代は情報化社会であり，そこでの人間の学習や言語行動について検討するための考え方を検討してきている。

　本章では「メディアの人間に及ぼす効果」研究ということで，上では，「最近のICTを利用した各種のサービスにおける映像の人間への効果」と書いた。さらに，第10章で検討した「ルール支配行動」や，本章でも検討した「言葉によるフィードバック」を検討してみると，「最近のICTを利用した各種のサービスにおける映像の人間への効果」とは「映像」に限定されることではなく，まさに「メディア」全般に当てはまることである訳である。

　現代では，人間は日常生活において，時事刻々と，各種のメディアから情報を受け取っているばかりか，SNSなどのサービスを通じて，一般人であっても情報発信もしている。つまり，情報化社会の環境を操作化するためには，さまざまな条件が複雑に関連し合っており，「メディ

アの人間に及ぼす効果」研究自体が極めて困難であることを意味している訳である。

逆に言うと，まだまだ研究の余地があるということであり，これも読者に開かれた問題であるということである。

学習課題

自分が身につけた知識やスキルはどのような観察や模倣をしてきた結果であるのか，振り返って言葉で表現してみよう。

引用文献

Bandura, A.（1986）. *Social Foundations of Thought and Action: A Social Cognitive Theory*. Prentice-Hall.

春木　豊（2000）. 観察学習　今田　恵（編）. 学習の心理学　放送大学教育振興会

幕内　充　模倣　脳科学辞典　DOI：10.14931/bsd.1174

眞邉一近（2019）. ポテンシャル学習心理学　サイエンス社

森口佑介・板倉昭二　新生児模倣　脳科学辞典　DOI：10.14931/bsd.3063

米山直樹（2019）. 般化模倣　日本行動分析学会（編）. 行動分析学辞典（pp.462-465）丸善出版

Whiten, A., Horner, V., Litchfield, C. A., & Marshall-Pescini, S.（2004）. *How do apes ape? Learning & Behavior, 32(1)*, 36-52.

参考文献など

ギブソン，J．J．　古崎　敬（訳）（1986）. 生態学的視覚論　ヒトの知覚世界を探る　サイエンス社

藤田和生（編）（2017）. 比較認知科学　放送大学教育振興会

子安増生・大平英樹（編）（2011）. ミラーニューロンと心の理論　新曜社

13 | マルチメディア学習

《目標＆ポイント》
（1）eラーニングの位置づけについて理解する。
（2）マルチメディア学習について理解する。
《キーワード》 ICT，eラーニング，学習管理システム LMS，マルチメディア学習

1. eラーニングについて

　本科目「学習・言語心理学」においては，現代の情報通信技術 ICT との関わりについて随所で指摘してきた。本科目全体としては「言語行動」を統一的な対象として取り上げてきたが，本章と次章14章とでは，「eラーニング e-learning」を取り上げて，言語行動と ICT との関連について検討していこう。

　「eラーニング」は，学校教育など制度的な学習のみを対象としているのではない。企業の研修を「eラーニング」で実施するというのも一般的である。また，日常生活で，コンテンツを自発的に配信するところから「eラーニング」が開始したという側面もあり，第2章で検討した活動理論に基づく学習の分類における，非制度的な学習をも対象としていることは指摘しておきたい。

　本章の第2節は，放送大学大学院修士課程でオンライン授業として開講されている『eラーニングの理論と実践（'20)』（主任講師：青木久美子）の「第4回　マルチメディア学習」（担当：高橋秀明）で提供されているリーディング教材を改変したものである。

　ここでは，青木（2012）を参照しながら，「eラーニング」の基本的な考え方や分類について検討しておきたい。

　まず，「eラーニング」は，「eラーニング：情報通信技術（ICT: Information and Communication Technologies）を介して，又は，活用して行う教育や学習（青木（2012：10））」と定義される。

　そして，eラーニングには，さまざまな形態の教授学習過程が含まれる。教授者と学習者とが対面で教授学習を実施するか否かという基準から，完全に対面で行う「対面授業」から，完全に遠隔で行う「フルオンライン授業」を両極端にして，その中間には「ブレンディッド・ラーニング」や「ハイブリッド・ラーニング」と呼ばれる形態が区別されている（図13-1）。

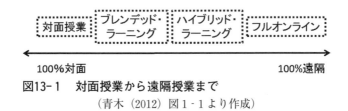

図13-1　対面授業から遠隔授業まで
（青木（2012）図1-1より作成）

　後ほど「マルチメディア学習」と題して検討するが，授業においては，さまざまな道具が利用される。教科書，資料，ノート，筆記用具などは，授業内容を超えて利用される，一般的な道具である。さらに，最近では，AV機器，PC，電子黒板，タブレット端末などの道具も利用されるようになってきている。さらに，教室にも，インターネットの環境が整備されるようになってきている。これらの道具を利用して，教授者は教材を配信（表示）したり，学習者は教材を視聴したりさまざまな学習活動（読み書き話し聞く）を行ったりしている。

　また，教授者は単に教授を行うばかりでなく，担当した学習者を評価することも行っている。教育評価においては，学習者の学習活動に関する記録，作品やレポート，テストの結果などのデータが必要となる。そこで，学習管理システム LMS（Learning Management System）が開発されてきた。すなわち，授業全体のシラバス作成，各授業の進行，学習素材や学習活動，作品やレポート課題の提出，学生間の相互評価など，教授学習に関するさまざまなことを管理するシステムであり，最近では，インターネット環境において Web を利用して使われるものが標準的なものである。

　こうして，LMS を利用して，教授者と学習者とが対面で授業をするということが全くなくても，ある科目を履修し単位を取得する「フルオンライン授業」ということも可能な時代になっている。

　また，対面授業を実施する際に，LMS を活用して，各種の学習資料を提供したり，レポート提出をオンラインで実施したり，対面授業とは異なる時間を利用して学生間でコミュニケーションを取ったり共同作業を行ったりしており，対面授業とオンライン授業という異なる形式の授業を「ブレンド」（混合）したり，「ハイブリッド」（異種融合）したりしている訳である。

　e ラーニングの分類について，異なる観点からということで，青木（2012：12）は，「同期か非同期か」という基準と，「自学自習か集団学習か」という基準とを組み合わせて議論しているので，ここでも検討しておこう（図13- 2）。

　「同期か非同期か」とは，教授者と学習者とが同じ時間とを共有して教授学習を実施するか否か，ということである。学校教育の場面で教室で教授学習が行われるというのは，時間ばかりでなく場所も共有して行われるというのが「対面授業」である。

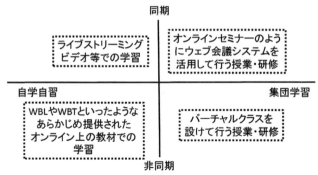

図13-2　同期―非同期　と　自学学習―集合学習
(青木 (2012) 図1-2より作成)

　「自学自習」とは学習者が一人で学習する形態,「集合学習」とは学習者が複数で学習する形態である。学校教育の場面で教室で教授学習が行われるというのは,「集合学習」となるのが一般的であるということである。

　そこで, eラーニングでは,

- 同期・自学自習：ライブストリーミングビデオ等での学習
- 非同期・自学自習：Web Based Learning や Web Based Training といったようなあらかじめ提供されたオンライン上の教材での学習
- 同期・集合学習：オンラインセミナーのようにウェブ会議システムを活用して行う授業・研修
- 非同期・集合学習：バーチャルクラスを設けて行う授業・研修

というように4つに区別されている。

　なお, 放送大学では2015年度から「オンライン授業」を本格的に実施してきたが, その際に,「知識伝達型か知識構築型か」という分類について議論されたことも記しておきたい。第2章及び第3章において「学習科学」の「協調学習」について検討したが,「知識構築型」とは「協

調学習」を想定しており，従来の教授者が学習者に一方的に講義をする，つまり，教授者が授業内容を学習者に伝達するのが主な目的である授業である「知識伝達型」と区別する必要性が議論されたということである。「知識構築型」とは，学習者が，他の学習者や教授者との協調を通して，自ら知識やスキルを獲得あるいは深化させていくということを重視した授業ということである。

　青木（2012a：14-17）は，ｅラーニングの利点と欠点についてもまとめているので，ここでも紹介しておこう。

〈利点〉
- 学習場所の柔軟性：学習者の都合の良い場所で学習できる
- 学習時間の柔軟性：同期のツールを利用していない限り，学習者の都合のよい時間に学習できる
- スケールメリット：教材制作等の初期投資は高いが，受講生が多いほどスケールメリットがある
- 学習履歴：LMS を利用すると，学習者毎に，教材へのアクセス時間や，確認テストの結果などの学習履歴情報が残る
- 自分のペースで進められる学習：学習者は自分の好きなペースで学習を進めることができる
- 復習：教材にはいつでもアクセスできるので，復習することが容易である
- ジャスト・イン・タイム・ラーニング：学習者が学びたい時に学びたい科目や項目を学ぶことができる
- 時間や場所に制限されない多数の学習者の同時アクセス：時間・場所に制限されない学習コミュニティを構築することが可能になる
- 保守・管理・更新の容易さ：社会情勢の変化に応じて，教材を更新していくことが容易である

- 学習者中心主義の学習：学習者の個々人に応じたプログラムを作ることが可能になる

〈欠点〉

- 学習者の自律性の要求：学習者は学習を持続するために，自ら動機づけを維持して学習を継続する必要がある
- コスト：受講者が少ないと，対面授業よりもコストがかさむ可能性がある
- 技術的要因：ICT という技術的な要因が，授業の質に影響する
- 学習者の ICT リテラシー：ICT に依存する部分が多いので，学習者にも ICT に関するリテラシーが必要となる

　読者には，この利点と欠点とのそれぞれが，本科目の前の章までの内容と大いに関連していることをご自分で検討していただきたい。

2．マルチメディア学習について

　教育場面においては，教師から学生へ教材が示される。その教材は主には，言葉（word）及び絵（picture）として表現され，視覚的（visual）及び聴覚的（auditory）に提示される。具体的には，教科書などの印刷物に文字及び図表として，放送教材に音声及び動画や静止画として，それぞれ提示されている。もちろん，触覚（tactile），味覚（taste），嗅覚（olfactory）によって提示される教材もあるが特殊なものと言えよう。

　上で述べたように，e ラーニングが登場する以前から，教育場面では，このようにさまざまなメディアを使用して，言葉と絵とによる教材が用いられてきたと言える。さらに，仮想現実感やコンピュータ・ブレイン・インタラクションなどの現代の ICT によって，人間の五感に直接働きかけるデバイスやコンテンツの研究開発も盛んであるので，言葉と絵以

外のさまざまなメディアを使用した教材が e ラーニングを含めて教育現場で使われるようになるであろう。

　このような，言葉と絵とによる学習について，ここでは，Mayer(2009)によるマルチメディア学習（multimedia learning）の考え方を検討しよう。その基本的な仮説は，「言葉と絵とを合わせて学習した方が，単に言葉だけで学習するよりも効果的である」というものである。

　Mayer（2009）によると，マルチメディアという用語は，以下の３つの意味を持つ。

１）配信メディア：マルチメディア情報を配信するための物理的な装置，たとえば，コンピュータのスクリーン，プロジェクターなど。

２）表示モード：マルチメディア情報を表示するためのモード，たとえば，コンピュータによってマルチメディア情報を表示する場合には，言葉をスクリーンに文書として表示するかナレーションで表示するか，絵を静止画で表示するか動画で表示するか，というようにどのようなモードを使うか，ということである。

３）感覚モダリティー：マルチメディア情報を人間が処理する際にどの感覚モダリティーを使うか，たとえば，対面講義において，教員によって説明された音声は学生には聴覚的に処理され，教員によって提示されたスライドは学生には視覚的に処理される。

　Mayer（2009）自身は，１）の見方は技術至上主義なので採用せず，主には２）の見方を，さらに３）の見方も学習者重視なので採用するとしている。

　マルチメディア学習では人間の情報処理モデルが想定されているが，方法論的には行動主義に基づいていると言える。学習の結果を，学習者の行動，つまり，テスト結果の変化から推測しているからである（メイ

ヤーの理論と方法論との詳細は後述する）。

　Mayer（2009）は，学習を個人的なもの，学習者の認知システムにおこるものとみなす。学習されることは，以下の5つとしている。

1）事実（facts）：事物の特徴についての知識

　　例：サクラメントはカリフォルニアの州都である。

2）概念（concepts）：範疇，原理，モデルについての知識

　　例：犬とは何かの知識

3）手続き（procedures）：ステップ毎のプロセスについての知識

　　例：データをスプレッドシートに入力する仕方

4）方略（strategies）：目標を達成するための知識を調整するための方法についての知識

　　例：どのようにして問題を下位問題に分けるかについての知識

5）信念（beliefs）：自分自身についての知識

　　例：「私は数学が苦手」という信念

　そこで，Mayer（2009）は，マルチメディア学習の情報処理モデルを示しているが，そのモデルを構築する際に，以下の3つの前提を置いている。

1）二重チャネル：人間は視覚情報と聴覚情報を処理するために，別々のチャネルを持っている。

2）容量の制限：人間が一度に1つのチャネルで処理できる情報量には制限がある。

3）能動的な処理：人間は，関連する入力情報に注意し，選択された情報を一貫した心的表象に体制化し，心的表象を他の知識に統合することによって，能動的な学習を行う。

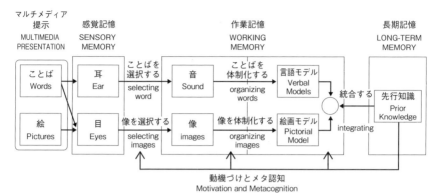

図13-3　マルチメディア学習の情報処理モデル

（Mayer（2014）Figure 3, 4 より作成）

　Mayer（2014）は，その後の研究も含めてエビデンスに基づいた評価をして，Mayer（2009）のモデルを修正して，図13-3のようなモデルを提出している。このモデルでは，情報処理の5つのステップが区別される。

1）言語的作業記憶における処理のために，関連する言葉を選択する

2）視覚的作業記憶における処理のために，関連するイメージ（絵）を選択する

3）選択された言葉を，言語的メンタルモデルに体制化する

4）選択されたイメージ（絵）を，視覚的メンタルモデルに体制化する

5）言語的表象と視覚的表象を統合する

　こうして，Mayer（2014）は，マルチメディア学習の原理として15の手法をあげている（表13-1）。これらの原理も，Mayer（2009）の原理から追加修正が加えられたものである。マルチメディア学習の原理は，以下の3つの認知的処理の負荷によって分類されている。

1）無関係（extraneous）：教授の目標に資さない処理　教授デザインを混乱させることによって引き起こされる

2）必須の（essential）：作業記憶内本質的な材料を表現するために必要とされる処理　材料が複雑なために引き起こされる　選択のステップで起こる

3）生成的（generative）：より深い理解のために必要とされる処理　学習者の動機づけによって引き起こされる　体制化と統合とのステップで起こる

　マルチメディア学習の15の原理の内，「無関係処理を少なくするための原理」の５つと「必須の処理を管理するための原理」の３つとを合わせて８つの原理は，Mayer（2009）での原理と同じである。「生成的な処理を促進するための原理」については，若干の修正と追加がなされている。以下，15の原理を簡単に検討していこう。

(1)無関係処理を少なくするための原理　５つ

原理１）一貫性：人間は，無関係な材料が含まれるときよりも無関係な材料がないときの方が効率的に学習する。この原理には，３つのバージョンがある。

・興味深いが不適合な言葉と絵とが除かれると，学習は改善される

・興味深いが不適合な音と音楽とが除かれると，学習は改善される

・必要のない言葉と記号とが除かれると，学習は改善される

原理２）標識化：人間は，本質的な材料の体制化をハイライトする（目立たせる）手がかりが加えられたときに，効率的に学習する。標識化には，言葉によるものと視覚的なものとがある。言葉による標識化は，以下の通りである。

表13-1　マルチメディア学習の原理

代表的な手法	その内容
無関係処理を少なくするための原理５つ	
1　一貫性 coherence	余計な材料を削除せよ
2　標識化 signaling	重要な材料をハイライトせよ（目立たせよ）
3　冗長 redundancy	話されたテキストに，書かれたテキストを加えるな
4　空間的近接 spatial contiguity	書かれたテキストは，それと対応するグラフィックの近くに配置せよ
5　時間的近接 temporal contiguity	ナレーションとそれと対応するグラフィックとは同時に表示せよ
必須の処理を管理するための原理３つ	
6　分節化 segmenting	プレゼンテーションを部分に分けよ
7　先行訓練 pre-training	鍵となる要素の名前や特徴は，前もって説明しておけ
8　モダリティ modality	書かれたテキストよりも，話されたテキストを使え
生成的な処理を促進するための原理７つ	
9　マルチメディア multimedia	言葉だけよりも，言葉と絵とを使え
10　人格化 personalization	言葉は，会話のスタイルで示せ
11　声 voice	話し言葉は，人間の声を使え
12　体現 embodiment	オンスクリーンのキャラクターには人間のようなジェスチャーをさせよ
13　ガイドされた発見 guided discovery	ヒントやフィードバックを与え，学習者が問題解決できるようにせよ
14　自己説明 self-explanation	学習者自身に授業を説明することを求めよ
15　図化 drawing	学習者に授業を図化することを求めよ

（Mayer（2014）より作成）

・概略　最初にアウトラインを示す
・見出し　アウトラインへの手がかりとなる
・強調　キーワードを強調する，たとえばゴシック体で表記する
・数詞　たとえば，第1に，第2に…

　なお，標識化をしすぎると，注意を導くよりも，混乱を招くだけに終わるので，1パラグラフに1ハイライトが良い。

　視覚的な標識化は，以下の通りである。
・矢印
・色分け
・フラッシュ
・指差しの身振り　スクリーン上のエージェントが指差す
・グレーアウト（graying out）　グレーになって選択できないようにする

　なお，メイヤーは言葉による標識化を研究対象としている。

原理3）冗長：人間は，図＋ナレーション＋印刷された言葉からよりも，図＋ナレーションからの方が，効率的に学習する。つまり，冗長なキャプションが含まれると，余計な情報処理が必要になってしまうということである。

原理4）空間的近接：人間（学生）は，ページやスクリーン上において，対応する言葉と絵とが遠くよりも近くに提示された方が，効率的に学習する。

原理5）時間的近接：人間（学生）は，対応する言葉と絵とが，連続して提示されるより，同時に提示される方が効率的に学習する。

(2)必須処理を管理するための原理　3つ
原理6）分節化：人間は，マルチメディアの内容が，1つの連続したユ

ニットとして提示されるよりも，理解可能なセグメントに分けて提示された（user-paced segments）方が，効率的に学習する。

原理7）先行訓練：人間は，主要な概念の名前と特徴を知っていると，マルチメディアの内容から，より深く学習する。

原理8）モダリティ：人間は，絵と印刷された言葉からよりも，絵と話された言葉から，より効率的に学習する。

(3)生成的な処理を促進するための原理

原理9）マルチメディア：人間は，言葉だけからよりも，言葉と絵とから，効率的に学習する。

　メイヤーによると，一人で学習することは社会的出来事としてみなすことができ，マルチメディア学習は，教授者と学習者との間の会話である。Reeves & Nass（1996）は，人間はコンピュータを人間であるかのように認識する，としているが，メイヤーも引用し，同様の考え方をしている。以下の原理10から原理12は，その現れと言えよう。

原理10）人格化：人間は，言葉が形式的なスタイルでよりも，会話のスタイルで，マルチメディアの提示がされた方が効率的に学習する。

原理11）声 voice

原理12）体現 emboiment

　原理12は Mayer（2009）では「イメージ」と呼ばれていた原理である。この原理12「体現 emboiment」の意味内容自体はほとんど同じと言えるであろう。動画などで人物あるいはキャラクターを示すことは大切で，キャラクターの場合にはできるだけ人間の自然なジェスチャーをさせた方が良い，ということである。同様な意味で，原理11は話し言葉

は，人間の声を使う方が効果的である，ということである。

　原理13以降は，Mayer（2014）で新しく追加された原理である。

原理13）ガイドされた発見：学習者が自ら問題解決をして正解を発見する，あるいは目的を達成したり，満足な解決に至ることができうるように，上手にヒントやフィードバックを与えよ，ということである。

原理14）自己説明

原理15）図化

　最後の2つの原理は，学習者に対して受動的にコンテンツを理解するだけにとどまらず，他人に対して説明することを求めたり，さらには「図化」あるいは「図式化」や（日常的な用語では）「見える化」することを求めたりすることである。

　Mayer（2014）のモデル（図13-3）では，先行知識から，選択・体制化・統合の認知的処理のそれぞれに，動機づけとメタ認知とが働くというように，マルチメディア学習の過程に組み入れた点が，Mayer（2009）のモデルとの違いである。動機づけとメタ認知については，次の第14章で検討を続けよう。

3．マルチメディア学習をめぐって

　ここで検討した「マルチメディア学習」の基本的な仮説は，「言葉と絵とを合わせて学習した方が，単に言葉だけで学習するよりも効果的である」というものであった。「eラーニング」を検討した際に，従来の授業では，さまざまなメディアや道具が利用されていたことを述べてきた。さらに，最近のヒューマンインターフェイス研究においては，人間の五感を利用した研究開発も盛んであることを述べてきた。つまり，従来からの授業という場面に限らず，教授学習の場面では，そしてそもそ

も日常生活では，さまざまな道具が使われているのであり，文字通り，「マルチ」な「メディア」が利用された「学習」あるいは「活動」の場面であったということである。

　さらに，本科目で前章までで検討してきたさまざまな行動や学習，特に「言語行動（ルール支配行動）」「知覚運動学習」「観察学習」は，マルチメディア学習として捉えることができるだろう，ということでもある。本章の最初に，現代の情報化社会における「eラーニング」を検討したが，少し振り返ってみると分かるように，従来から，人間（や生物）を取り巻く環境は，物理的に多様な性質を持っており，さらに，人間は「言語」や「道具（技術）」を持つことで，この多様な性質に拍車がかかった状態であったのだ，ということである。そもそも，人間の行動や学習とは，マルチメディア学習として捉えることが適切であろうということである。

学習課題

　マルチメディア学習とみなすことができない学習や行動があるとしたらどのようなものか考えてみよう。

引用文献

青木久美子（2012）. e ラーニングとは　青木久美子（編）. e ラーニングの理論と実践（pp.9-25）　放送大学教育振興会　第 2 刷

Mayer, R. E.（2009）. *Multimedia Learning. 2nd ed.* Cambridge University Press.

Mayer, R. E.（2014）. *Cognitive theory of multimedia learning.* In Mayer, R. E.（Ed.）, *The Cambridge Handbook of Multimedia Learning. 2nd ed.*（pp.43-71.）. Cambridge University Press.

参考文献など

青木久美子　e ラーニングの理論と実践（' 20）　放送大学大学院（オンライン授業）

14 | 動機づけと自己制御

《**目標＆ポイント**》
（1）動機づけに関するケラーの ARCS モデルについて理解する。
（2）自己制御について理解する。
（3）インストラクショナル・デザインの位置づけについて理解する。
《**キーワード**》　動機づけ，ケラー，ARCS モデル，インストラクショナル・
デザイン，自己調整学習，学習方略，ｅラーニング，社会関係資本

　本科目では，すでに動機づけとそれに関連する話題について触れてきている。たとえば，第7章から第9章で検討した「条件づけ」においては，動因や確立操作などの概念について検討してきた。第12章では，自己効力感について検討してきた。さらに，前の第13章では，「ｅラーニング」や「マルチメディア学習」について検討し，動機づけやメタ認知の大切さについても触れていた。そこで，本章では，あらためて動機づけについて総括的に検討する。メタ認知については，自己制御学習として検討する。

1. 動機づけ

　「ｅラーニング」の研究開発において，動機づけに関しては，ケラー

　本章（第2節を除く）は，放送大学大学院修士課程でオンライン授業として開講されている『ｅラーニングの理論と実践（'20）』（主任講師：青木久美子）の「第3回　動機づけと自己制御学習」（担当：高橋秀明）で提供されているリーディング教材を改変したものである。

194

（J. M. Keller）の ARCS モデルが参照されることが多い。そこで，ここでは，Keller（2009）の日本語訳「学習意欲をデザインする」と Keller（2010）（Keller（2009）のペーパーバック版）とに基づいて検討しよう。ケラーはインストラクショナル・デザインの研究者であるが，インストラクショナル・デザインの実践者向けに，心理学における動機づけに関連する理論を評価して ARCS モデルを提唱した。そして，その際に，遠近法主義者 perspectivalist の立場をとっていると述べている。これは，あらゆる認識は認識する主体のパースペクティブ（遠近法）に制約されているという哲学的な立場のことである。本科目では，行動主義，徹底的行動主義，認知主義，方法論的行動主義，活動理論などを，哲学的にも区別される考え方として検討してきたが，ケラー自身の立場は，そのどれでもなく，それぞれのパースペクティブによるのだということであり，本科目でも参考になるだろう。

　ケラーは，動機づけ研究をレビューし，動機づけの概念を 4 つに分類している。そしてそれらの要因ごとに，学習への動機づけを高め維持させるための方略を産み出すための質問（プロセス質問）をまとめている（表14-1）。

表14-1　ARCS モデルの分類枠，定義，プロセス質問

主分類枠	定義	プロセス質問
注意 attention	学習者の関心を捉える，学習する好奇心を刺激する	どのようにしたらこの学習経験を刺激的でおもしろくすることができるだろうか？
関連性 relevance	学習者の肯定的な態度を引き起こすように，個人的なニーズや目的を満たす	どのようなやり方で，この学習経験を学習者にとって価値あるものになるだろうか？
自信 confidence	学習者が成功しそして自分の成功を統制するということを，学習者が信じ感じ取ることを助ける	どのようにしたら，教育によって，学習者が成功するのを助けたり，自分の成功を統制することができるようにしてあげることができるだろうか？
満足感 satisfaction	達成を（内的と外的）報酬によって強化する	学習者がその経験に満足し，学習を続けようと望むようになるために，何をすることができるのだろうか？

（ケラー（2010）より作成）

　ARCS モデルとは，この 4 つの要因の頭文字をとって命名されたものである。

　4 つの要因について，関連する心理学理論とそれぞれの下位分類を紹介していく。なおここでは心理学理論を列挙するだけにとどめているので，詳しくは Keller の文献からたどってほしい。

(1)注意
　注意とは，どのようにして学習者の注意を喚起し持続させるかということである。動機づけにおいて最初に取り上げるべき要因である。

　注意に関する心理学理論：反射，好奇心，刺激追求という人間の本性が関連して，注意の覚醒や持続に影響を及ぼす。適度の覚醒の時が最も学習効果が高いというヤーキス・ドッドソンの法則や逆U字曲線で示される覚醒理論，バーラインの知的好奇心の理論，フロムやユングの退屈に関する論考などが関連している。

　注意に関する下位分類・プロセス質問・支援戦略
・A 1　知覚的覚醒：彼らの興味を捉えるために何ができるか？
　新奇なアプローチを使って，個人的または感情的材料を挟み込んで，好奇心と驚嘆を生み出す
・A 2　探求の覚醒：どのように探求する態度を刺激することができるか？
　質問をし，矛盾を引き起こし，探求を行わせ，挑戦を考えることを育むことで，好奇心を増す
・A 3　変化性：どのようにしたら彼らの注意を維持することができるのか？

発表スタイル，具体的な類推，人間的興味をひく事例，予測しない出来事において変化性をつけることにより，興味を維持する

(2)関連性

関連性とは，どのようにして学習者のニーズや目的を満たすかということである。動機づけを喚起し持続させるための要因である。

関連性に関する心理学理論：関連性は，行動の目的に直接関連しているので，動機づけの中でも最も強力な要因である。ジェームズやマクドゥーガルの本能についての理論，トルーマンの目的的行動についての理論，レビンの場の理論など心理学の歴史において昔から取り上げられてきた理論がたくさんある。さらに，マズローの欲求の階層構造についての理論，マクレランドの達成・親和・権力についての理論もある。最近では，デシによる内発的動機づけの理論や，チクセントミハイリによるフローの考え方もある。

関連性に関する下位分類・プロセス質問・支援戦略

・R1　目的指向性：どのように，学習者のニーズに最もうまく応えることができるか？（学習者のニーズを知っているか？）

　この教育プログラムが役に立つという記述や事例を提供し，ゴールを提示するか，あるいは学習者にゴールを定義させる

・R2　動機との一致：どのようにして，いつ，私の教育プログラムと学習者の学習スタイルや個人的興味とを結びつけることができるか？

　個人の達成機会や，協力的活動，リーダーシップの責任，肯定的なロールモデルを提供することにより，教育プログラムを学習者の動機や価値に対応するものにする

・R3　親しみやすさ：どのようにして，教育プログラムと学習者の経

験を結びつけることができるか？
学習者の仕事や背景と関連のある具体例や類推を提供することにより，材料や概念を親しみやすいものにする

(3) 自信

自信とは，どのようにして学習者の成功を統制するかということである。動機づけを深めたり広めたりして持続させるための要因と言える。

自信に関する心理学理論：自分の行動とその成功との関連づけ，つまり，自己行動の統制と成功の帰属については心理学においてたくさんの理論がある。ロッターの統制の位置の理論，ド・シャームの指し手とコマ理論あるいは自己決定感の理論，バンデューラの自己効力感の理論，ワイナーによる原因帰属理論，セリグマンによる学習された無力感と学習された楽観主義の考え方，ローゼンサールの自己達成予言の考え方，などである。

自信に関する下位分類・プロセス質問・支援戦略
・Ｃ１　学習要求：どのように成功に関する肯定的な期待を持てるように支援することができるか？
成功とみなすための要求事項と評価基準を説明することによって肯定的な期待感と信頼を得る
・Ｃ２　成功の機会：どのように学習経験が彼らの能力についての信念を支援または拡張することができるか？
学習の成功を増やすような，多くの，多様な，挑戦的な経験を提供することによって，自分の能力への信念を高める
・Ｃ３　個人的な統制：学習者はどうしたら自分の成功が自分自身の努力と能力とに明確に基づくものだと知るのだろうか？

（可能なときはいつでも）個人的な統制を提供する技法を用い，成功を個人の努力に帰属するフィードバックを提供する

(4)満足感

満足感とは，どのようにして学習者の達成を内的なおよび外的な報酬によって強化するかということである。新たな学習への動機づけの喚起と持続に関わる要因と言える。

満足感に関する心理学理論：まず行動主義に基づく条件づけの理論として，古典的条件づけ，オペラント条件づけ，トークンエコノミーの理論があがっている。これらは外発的動機づけの考え方である。また，フェスティンガーの認知的不協和理論，ハイダーのバランス理論，アダムスの公平理論などもあげられている。

満足感に関する下位分類・プロセス質問・支援戦略

・Ｓ１　内発的な強化：どうしたら学習経験に関する彼らの内発的な楽しみを推奨し，支援できるだろうか？

個人的な努力と達成に対する肯定的な気持ちを強化するようなフィードバックと他の情報を提供する

・Ｓ２　外発的な報酬：何が，学習者の成功に対して報酬を与える結果を提供するだろうか？

ほめ言葉，本当のまたは象徴的な報酬，及び動因を使うか，または学習者に努力の結果を示させて（見せるか話して）成功に報いるようにさせる

・Ｓ３　公平：公平な処遇だったことを学習者に認識させるために何ができるだろうか？

パフォーマンス要求をあらかじめ述べた期待と一貫させて，すべての

　　学習者の課題と達成に対して一貫した測定基準を使用する

　　ARCS モデルは，ｅラーニングに特化したインストラクショナル・
デザインにしか適用できないわけではない。通常の対面での授業設計に
も十分に活用することができる。たとえば鈴木（2002）は，ARCS モ
デルを参考にして，教材の魅力を高めるためのヒント集をまとめている
（章末の資料を参照のこと）。読者は，このヒント集に上がっている項目
を１つずつ読み込んで欲しい。授業場面に限らず，読者の日常生活や職
場のさまざまな場面で，ARCS モデルを具体的に活かすための参考に
もなるであろう。

2. インストラクショナル・デザインについて

　　前章から「ｅラーニング」に関連した内容を検討していることもあり，
「インストラクショナル・デザイン」という概念に触れることが多くなっ
ているので，ここで，若干の補足をしておきたい。

　　本科目では，第２章と第３章とにおいて「学習科学」について，さら
には学習科学と ICT との関連についても検討してきたが，「インストラ
クショナル・デザイン」について触れることはなかった。

　　学習科学では，教授学習過程，つまり，教える側の「教授する過程」
と学ぶ側の「学習する過程」との，教授と学習との相互作用を含めた総
体が研究対象となっている。ここで，「教授」とは instruction であり，
その教授の仕方を設計 design するのが，インストラクショナル・デザ
イン instructional design という訳である。

　　インストラクショナル・デザインは，まずは，教授する内容の「課題
分析」から始まる。つまり，教授する内容について，学習者の既有知識
から出発して，どのような下位の内容があり，最終的に目標に達成する

かを分析する。そして，その下位の内容をどのような順番で，どのようなメディアを利用して教授するかを具体的に設計していくことになる。なお課題分析については，本科目でも第5章で検討している。

　さて，instruction という英語には「教示」という概念もある。「教示」についても本科目で検討されてきた。人間を対象にした研究では，研究者や実験者／調査者が，研究協力者に対して，「教示」を行わない限りは研究を行うことはできない。つまり，「教示」とは研究における「操作化」の一部であり，最も本質的な部分である，ということである。こうして，「教示」とはインストラクショナル・デザインと同義であると捉えることができるだろう。

　なお，インストラクショナル・デザインについては，行動分析学の立場からの研究（たとえば，島宗（2004）など）もなされている。上で述べたように，インストラクションは「教示」であり，言語行動であるので，日常生活のあらゆる問題にも応用可能である。そこで，応用行動分析学という研究領域にまとめられるに至っている（たとえば，島宗（2019）など）。

3. 自己調整学習

　本章では，e ラーニングにおいて動機づけを高め維持するための方法として，ケラーの ARCS モデルを紹介してきた。第13章において，これからのe ラーニングには学習者が自分の学習に主体的に取り組み，責任を持つ覚悟が必要であるという主張があった。この主張に正面から取り組んでいるのが，自己調整学習の考え方であり，ケラーでも触れられている。

　自己調整学習とは，学習者が自分の学習過程において，自分の学習状況を把握し（セルフ・モニタリング），自分の学習を制御する（セルフ・

コントロール）ことを言う。

　ジマーマン・シャンク（2006）は，自己調整学習の理論として7つを
あげている。表14-2に，各理論が，次の5つの基本的な論点について
どのような見解をとっているかまとめる。

1）動機づけ：どんな動機で，学習者は学習するときに自己調整するの
　　か？
2）自己覚知：学習者は，どのような過程あるいは方法で，自己反応あ
　　るいは自己覚知するのか？
3）基本的過程：自己調整する学習者が学習目標に到達するために，ど
　　んな基本的な過程あるいは反応を使うか？
4）社会的，物理的環境：社会的環境及び物理的環境は，学習者の自己
　　調整学習にどんな影響を及ぼすか？
5）獲得する能力：学習者は，どのようにして，自己調整学習能力を獲
　　得するのか？

　伊藤（2009）は，自己調整学習の構成要素の1つとして学習方略に着
目し，教育心理学における類似概念として，学習習慣，学習スキル，学
習スタイルをあげている。このうち，学習習慣とは学習場面において繰
り返し自動的にとられる行動のことを言う。学習スキルも具体的な行動
面をさすが，学習習慣はむしろ学習に向かう姿勢を取り上げているとし
ている。学習スタイルは，学習方略が場面を超えて一貫してとられる傾
向のことを言う。学習方略は，学習における行動面と認知面との両方を
含む概念である。認知心理学の隆盛にともない研究も増加し，学習とい
う情報処理の効率化やメタ認知的な監視や方向づけという点で自己調整
学習方略という言い方も現れているとしている。

　さらに，伊藤（2009）は，学習方略について，認知的側面を重視した

表14-2 自己調整学習の理論

理論	動機づけ	自己覚知	基本的過程	社会的，物理的環境	獲得する能力
オペラント	強化する刺激の強調	自己反応以外は認めない	セルフモニタリング，自己教示，自己評価	モデリングと強化	行動形式と付加刺激のフェーディング
現象学	自己実現の強調	自己概念の役割重視	自己価値と自己アイデンティティ	環境の主観的認知の強調	自己システムの発達
情報処理	動機づけはこれまで強調されていない	認知的セルフモニタリング	情報の貯蔵と変換	情報への変換以外は強調されず	情報変換システム能力の増大
社会的認知	自己効力，結果期待と目標が期待される	自己観察，自己記録	自己観察，自己判断，自己反応	動作的熟達経験	4つの連続するレベルの社会的学習を経て増加
意思	期待と価値に基づく意思の前提条件	制御された状態よりも制御された行為	制御する方略，認知，動機づけ，情動	妨害する環境を制御する意志的方略	意思的制御方略を使う獲得された能力
ヴィゴッキー派	社会的文脈以外はこれまで強調されず	発達の最近接領域の学習を意識	自己中心的言語と内言	大人との対話が子どもの言語の内化を媒介する	子どもは一連の発達レベルの中で言語の内的使用を獲得する
構成主義	認知的葛藤解決や好奇動因が強調される	メタ認知モニタリング	スキーマ，方略あるいは個人的理論の構成	これまでは，社会的葛藤や発見学習を強調	発達が子どもの自己調整過程を制約する

（ジマーマン・シャンク（2006）より作成）

カテゴリーと動機づけ側面を含めたカテゴリーとに分けて紹介している。認知的側面を重視したものとしては，認知的方略，外的リソース方略，メタ認知的方略，自己プランニング・自己モニタリングを含む学習方略，リソース管理方略，精緻化方略，イメージ化方略などをあげている。一方で，動機づけ的側面を含めたものとしては，情緒的・動機づけ方略，社会的・情意的方略，認知・感情・動機づけ・課題状況・課題場面における他者のコントロール，努力調整方略などをあげている。これらの動機づけ的側面を含めたものは，方略そのものというよりも，認知過程に影響を与える要因として組み込まれていたり，周辺的，補助的な位置づけで列挙されていたりしているとしている。

4. eラーニングをめぐって

　前章は「マルチメディア学習」を扱ったが，その最初にeラーニングについて検討した。本章では，「動機づけ」及び「自己制御（学習）」について検討したが，本章の最後に，あらためてeラーニングについて再度検討してみたい。

　佐藤・井上（2008）はメディアの社会学の観点から「通信教育」を扱った興味深い著作である。通信教育が社会関係資本にどのような影響を及ぼすかという基本的な問題意識から，通信教育の歴史と現状を考察している。佐藤は，結論的に，メディアは文化細分のための装置に過ぎない，メディアによって文化が結合されることはないと述べている。eラーニングにおいても同様であり，一人で学習するのはきわめて困難で，対人的相互作用がやはり重要であることが再認識されている，と述べている。

　本章で扱ったのはあくまでも教育方法において学習者の動機づけをどのようにして高め維持していくか，ということである。しかし，単に教育方法として問題を解決するのは限界があり，たとえば，教育における

サポートシステムを，教員や教育組織として取り組むことが大切である
ということである。放送大学においても，全国にある学習センターの役
割は重要である。面接授業や単位認定試験ばかりでなく，自主ゼミやサー
クル活動など，対面での相互作用によって，新たな学習やイノベーショ
ンが起こる可能性を否定することはできない。

　このことは単に一大学組織の問題にとどまらず，地域や国家として学
習者を支援する仕組みが必要であるということであろう。まずは，日本
という国において，学習すること学問することは，楽しいことであり有
意味なことであり意義深いことである，という共通認識を構築すること
から検討を始めたいとも思う。このことは本章の後半で検討した自己制
御（学習）という観点からは，そもそも学習すること自体，自己決定す
るものだということでもある。学習者も日本の国民であり，地球の住人
である，という自覚を持って，日々，自己決定しながら生きていくこと
が大切である，ということである。

学習課題

　放送大学における学習を継続するために心がけていることは何である
か，振り返って言葉で表現してみよう。

引用文献

伊藤崇達（2009）．自己調整学習の成立過程　学習方略と動機づけの役割　北大路書房

Keller, J. M.（2010）．*Motivational Design for Learning and Performance: The ARCS Model Approach.* Springer.

Keller, J. M.（2009）．*Motivational Design for Learning and Performance: The ARCS Model Approach.* Springer.（ケラー，J. M.　鈴木克明（監訳）（2010）．学習意欲をデザインする　ARCS モデルによるインストラクショナルデザイン　北大路書房

佐藤卓己・井上義和（編）（2008）．ラーニング・アロン　通信教育のメディア学　新曜社

島　宗理（2004）．インストラクショナルデザイン　教師のためのルールブック　米田出版

島　宗理（2019）．応用行動分析学　ヒューマンサービスを改善する行動科学　新曜社

鈴木克明（2002）．教材設計マニュアル―独学を支援するために―　北大路書房

Zimmerman, B. J., & Schunk, D. H.（2001）．*Self-Regulated Learning and Academic Achievement.* Lawrence Erlbaum Associates.（ジマーマン，B. J.・シャンク，D. H.（編）（2006）．塚野州一（編訳）．自己調整学習の理論　北大路書房

参考文献など

青木久美子　e ラーニングの理論と実践（'20）　放送大学大学院（オンライン授業）

水越　伸（編）（2018）．メディア論　放送大学教育振興会

資料　教材の魅力を高める作戦：ARCS モデルに基づくヒント集

| 注意　面白そうだなあ |

A1　知覚的喚起　目をバッチリ開けさせる

　教材を手にしたとき，楽しそうな，使ってみたいと思えるようなものにする

　オープニングにひと工夫し，注意を引く（表紙のイラスト，タイトルのネーミングなど）

　教材の内容と無関係なイラストなどで注意をそらすことは避ける

A2　探求心の喚起　好奇心をたいせつにする

　教材の内容が一目で分かるような表紙を工夫する

　なぜだろう，どうしてそうなるのという素朴な疑問を投げかける

　いままでに習ったことや思っていたこととの矛盾，先入観を鋭く指摘する

　謎をかけて，それを解き明かすように教材を進めていく

　エピソードなどを混ぜて，教材の内容が奥深いことを知らせる

A3　変化性　マンネリを避ける

　教材の全体構造が分かる見取り図，メニュー，目次をつける

　1つのセクションを短めにおさえ，「説明を読むだけ」の時間を極力短くする

　説明を長く続けずに，確認問題，練習，要点のまとめなどの変化を持たせる

　飽きる前にブレークタイムを入れて，気分転換をはかる（ここでちょっと一息…）

　ダラダラやらずに学習時間を区切って始める（学習の目安になる所要時間を設定しておく）

| 関連性　やりがいがありそうだなあ |

R1　親しみやすさ　自分の味つけにさせる

　対象者が関心のある，あるいは得意な分野から例を取り上げる

　身近な例やイラストなどで，具体性を高める

　説明を自分なりの言葉で（つまりどういうことか）まとめて書き込むコーナーを作る

　いままでに勉強したことや前提技能と教材の内容がどうつながるかを説明する

　新しく習うことに対して，それは○○のようなものという比喩や「たとえ話」を使う

R2　目標指向性　目標に向かわせる

　与えられた課題を受け身にこなすのではなく自分のものとして積極的に取り組めるようにする

　教材のゴールを達成することのメリット（有用性や意義）を強調する

教材で学んだ成果がどこで活かせるのか，この教材はどこへの第一歩なのか説明する

チャレンジ精神をくすぐるような課題設定を工夫する（全部覚えられたかチェックしよう！）

R 3　動機との一致　プロセスを楽しませる

自分の得意な，やりやすい方法でやれるように選択の幅を設ける

アドバイスやヒントは，見たい人だけが見られるように書く位置に気をつける

自分のペースで勉強を楽しみながら進められるようにし，その点を強調する

勉強すること自体を楽しめる工夫を盛り込む（たとえば，ゲーム的な要素を入れる）

| 自信　やればできそうだなあ |

C 1　学習要求　ゴールインテープをはる

本題に入る前にあらかじめゴールを明示し，どこに向かって努力するのかを意識させる

何ができたらゴールインとするかをはっきり具体的に示す（テストの予告：条件や基準など）

対象者が現在できることとできないことを明らかにし，ゴールとのギャップを確かめる

目標を「高すぎないけど低すぎない」「がんばればできそうな」ものにする

中間の目標をたくさん作って，「どこまでできたか」を頻繁にチェックして見通しを持つ

ある程度自信がついてきたら，少し背伸びをした，やさしすぎない目標にチャレンジさせる

C 2　成功の機会　一歩ずつ確かめて進ませる

他人との比較ではなく，過去の自分との比較で進歩を確かめられるようにする

「失敗は成功の母」失敗しても大丈夫な，恥をかかない練習の機会をつくる

「千里の道も一歩から」やさしいものからむずかしいものへ，着実に小さい成功を積み重ねさせる

セクション（チャンク）ごとに確認問題を設け，出来具合を自分で確かめながら進ませる

できた項目とできなかった項目を区別するチェック欄を設け，徐々にチェックを減らす

最後にまとめの練習を設け，総仕上げにする

Ｃ３　コントロールの個人化　自分でコントロールさせる

　「幸運のためでなく自分が努力したから成功した」と言えるような教材にする

　不正解には，対象者を責めたり，「やってもむだだ」と思わせるようなコメントは避ける

　失敗したらやり方のどこが悪かったかを自分で判断できるようなチェックリストを用意する

　練習は，いつ終わりにするのかを自分で決めさせ，納得がいくまで繰り返せるようにする

　身につけ方のアドバイスを与え，それを参考にしても自分独自のやり方でもよいことを告げる

　自分の得意なことや苦手だったが克服したことを思い出させて，やり方を工夫させる

満足感　やってよかったなあ

Ｓ１　自然な結果　むだに終わらせない

　努力の結果がどうだったかを，目標に基づいてすぐにチェックできるようにする

　一度身につけたことを使う／生かすチャンスを与える

　応用問題などに挑戦させ，努力の成果を確かめ，それを味わう機会をつくる

　本当に身についたかどうかを確かめるため，誰かに教えてみてはどうかと提案する

Ｓ２　肯定的な結果　ほめて認める

　困難を克服して目標に到達した対象者にプレゼントを与える（おめでとう！認定証）

　教材でマスターした知識や技能の利用価値や重要性をもう一度強調する

　できてあたりまえと思わず，できた自分に誇りを持ち，素直に喜べるようなコメントをつける

Ｓ３　公平さ　裏切らない

　目標，練習問題，テストの整合性を高め，終始一貫性を保つ

　練習とテストとで，条件や基準を揃える

　テストに引っかけ問題を出さない（練習していないレベルの問題や目標以外の問題）

　えこひいき感がないように，採点者の主観で合否を左右しない

15 | 言語習得

《**目標＆ポイント**》
（1）言語習得について理解する。
（2）成人学習について理解する。
《**キーワード**》 言語習得，熟達，母語，バイリンガル，サーカディアンリズム，前会話，クーイング，話者交代，喃語，子どもに向けられた発話，乳児に向けられた発話，初語，一語文，二語文，語彙の爆発的増加（語彙爆発），共同注意，絵本の読み聞かせ，遊び，保育，言い淀み，言い間違い，概念形成，推論，思考，問題解決，対連合学習，叡智，エリート，成人学習，加齢（エイジング），アンドラゴジー，変容的学習，ナラティブ学習，身体化された学習，発達の最近接領域，認知的徒弟性，実践コミュニティ，学習する組織，越境学習

1. 言語の習得

　本章では，言語習得，基本的には，母語（第一言語）の話し言葉の習得について検討する。外国語の習得については，バイリンガルやトリリンガルなど多言語習得についての研究の必要性も増しているが（たとえば，松井（2018）），多くの場合，外国語の学習であるので，ここでは触れずに，後述することにする。

　話し言葉の習得の理論については，第6章で検討したように，大枠としては，生得説や経験説，相互作用説というように発達の理論と同じよ

うに想定されてきた。

　ここでは，まずは，言語習得の現場を記述するという観点から，つまり，言語習得の現象について検討しよう。その際に，言語習得の順序について，その大枠を検討するのみにする。たとえば何歳何ヶ月でこのような言語習得が見られるというような記述をしているが，そもそもは個人差が大きい対象であり，このような記述はできない面もあることは断っておきたい。これは一言で言えば言語習得の現場という対象は複雑である，ということである。まずは，その複雑な状況を検討してみよう。

　新生児はどのような環境にいるのだろうか？　たとえば，病院で出生した場合，病院から退院後は，多くの場合母親と一緒に過ごすことが多いだろう。父親や兄弟姉妹，祖父母など家族とも一緒に過ごす時間もあるだろう。このような周りにいる年長者たちから新生児への話しかけも頻発しているであろうし，新生児の自発的な行動が周りの年長者たちに訴えかけることもあるだろう。さらに，新生児の周りには人間だけではなく，さまざまな人工物や場合によってはペットなどの動物もいるであろう。そもそもは寝かされている布団や枕などの環境も一様とは言えないだろう。さらに，1日の生活リズムを考えても，サーカディアンリズムと呼ばれる一定のリズムで日常生活を送ることはできずに，夜も昼もなく，寝ることと起きていることを繰り返しており，新生児が目覚めた時に，年長者が周りにいないこともあるだろう。そうして，新生児の顕著な行動としては「泣く」という行動となるが，その行動を，周りの年長者は「空腹」とか「暑い／寒い」あるいは「不安」と解釈して話しかけ，ミルクをあげたり，部屋の温度を調整したり，抱っこしたり，ということになる。以上は，いわば「前会話的な状況」と言えるであろう。

　生後2ヶ月ごろから，いわゆる「クーイング」と言われる発声が見られるようになる。第4章で検討したように，話し言葉の産出には，発声

のための器官を自ら動かすことが必要となるが，その最初の段階として，発生のための器官が生育して，「あー」とか「うー」といった母音状の音を発することができるようになると言われている。その際に，養育者が周りにいれば，その発声を意味づけして，何か意味のある言葉を喋ったと喜んで，その言葉を乳児に話したり，といったこともするであろう。これは会話における話者交代 turn taking の原初的な形態とみなすこともできるだろう。

　生後3ヶ月ごろからは，いわゆる「喃語」と言われる発声が見られるようになる。これは，基本的には，子音を含む音や母音が連鎖した音を発声することであり，たとえば，唇の開閉で発生が可能になる「ま」行の音や，破裂音の「ぱ」「ば」という音が多く観察される。このように，喃語とは，乳児が，発声器官を自ら制御して発声する最初の現象というように解釈して良いだろう。やはり，養育者が周りにいると，「ママ」や「マンマ」さらには「パパ」というように聞こえることもあり，やはり，その発声の意味を解釈して，その言葉を乳児に話しかけたり，他の周りの年長者にも物語ったりもしたりすることは，読者もエピソードを思い浮かべることができるだろう。

　なお，乳児期までの子どもに対する養育者の発声は，通常の（大人が相手の）発声よりはピッチが高く抑揚をつけた短いものであることが多い。これは「子どもに向けられた発話 child directed speech（CDS）」あるいは「乳児に向けられた発話 infant directed speech」と言われており，子どもの注意を引きやすい発話であることも知られている。

　第4章で日本人は/r/と/l/音の区別がないという例をあげた。第9章で検討した弁別オペラント条件づけの手法を応用した乳幼児の音声知覚実験も多数行われているが，乳児はすべての言語の音素を弁別できるが，生後1年くらいのうちに，母語にはない音素を弁別できないようになっ

ていくことも知られるようになってきた。

　話し言葉は発話音声の連続であるが，単語や句などの統語論的な単位
があるので，発話の連続を区切って，認識すること，さらには発声する
ことができるようになる必要がある。これは「セグメント問題」と言わ
れ，音声の連続から音韻，単語，句，文を切り出す，というように複雑
な問題である。

　乳児期の終わり頃，生後1歳から1歳5ヶ月までには，「初語」と言
われる発声が見られるようになると言われている。これは，初めて発す
る意味のある単語のことであるが，いわゆる幼児語ということで「まん
ま」「うまうま」などが多いと言われる。初語は単語1つであるので，こ
れ以降は「一語発話」や「一語文」と呼ばれる時期となる。乳児が自分
の名前を幼児語で発声したり，形容詞や否定形なども「一語」で発声さ
れる。そうして，2歳頃までには「二語発声」や「二語文」と呼ばれる
が，単語と単語を並べて，文らしき発声が見られるようになる。これは，
原初的な文法の存在として解釈することができる。

　この時期は，乳児が獲得する単語数が劇的に増えていくこと時期でも
あり，これは「語彙の爆発的増加（語彙爆発 vocabulary/word explo-
sion）」の時期と言われている。

　幼児期前期の2歳頃からは，単語を獲得しようという時期に入ると言
われ，つまり，言語と世界との関係を理解する萌芽的な段階と言えるが，
世界を切り取り言葉と関連づける，ものを言葉で名づけるという意味論
の世界に徐々に入っていくと解釈することができるだろう。その際には，
周りの養育者と乳児と環境にあるものという三者関係の中で，乳児と養
育者とで当該のものに対して「共同注意」をして，言葉を割りつける，
ということが繰り返されることになる。その際に，乳児と養育者とが同
じものを注視したり，身振り手振りで指し示したり，という非言語的な

行動と，乳児と養育者とが発声するという言語的な行動とが同期して見られる，ということであり，すでに，「会話的な状況」に入っていると解釈しても良いだろう。そして，いわゆる「多語文」や「従属文」が見られるようになる。

　続いて3歳頃には，「接続詞」なども使えるようになり，構文としても整えられていくようになり，おおよそ4歳頃までには，母語発話としては一応の完成期を迎えると言われており，日常生活で支障のない会話ができるようになるということである。

　ここまでは話し言葉としての母語の習得について検討してきたが，さらに事態を複雑にしているのは，乳児期には，絵本の読み聞かせや，各種ICT機器の利用が始まっていることである。同時に，お絵かきや玩具での遊びも開始していることもある。さらに，保育園や幼稚園への入園ということもあり，他の乳幼児や保育者との関係が始まっている場合もあり，ますます複雑な状況にある訳である。保育園も幼稚園も「保育」の現場であるが，制度に基づいた機関であり，そこでの経験も，広義の「制度的な学習」であると言って良いであろう。

　そこで，言語習得については，幼児期後期，初等教育への入学前までで，ほぼ完成すると捉えておこう。それ以降の言語習得については，むしろ，学校教育における制度的な学習が占める割合がたいへん大きくなると捉えておこう。

2. 言語習得の熟達ということ

　成人の言語行動を少し振り返って見ていただきたいが，完璧な言語行動というのは稀であることも分かるだろう。言い淀み，言い間違い，誤解といったことも日常茶飯事である。一方で，たいへん流暢な発話をするアナウンサーや役者に感銘をうけることもあるし，その元になる台本

や作品を書く作家がいることも事実であり，言語行動の熟達者と呼べる人間が存在しているということである。

　言語によって実現されている心理的な機能ということで，概念形成，推論，思考，問題解決といった概念で示される研究領域がある。これは，「学習・言語心理学」で対象としている言語習得というよりも，「知覚・認知心理学」で対象としている主題である。

　たとえば概念形成について，上で「語彙の爆発的増加（語彙爆発）」について触れたが，新しい語彙を習得するのは，生涯にわたって続いていくと言える。学校においても仕事の場でも，新しい知識を学んだり，新しい経験をするごとに，それに付随する概念形成をし，その概念に対応する語彙を記憶して，自分から利用できるようになっていく。そうして，高齢期になると「老人語」を使って自らを表現することにもつながっていくであろう。

　学校教育に限定されないが，外国語学習について振り返ってみる。外国語学習にも，言語の4つの側面である，話す，聞く，読む，書く，という側面から検討することができる。いずれも「知覚運動学習」の側面から，その熟達を図ることができる。さらに，外国語の語彙を学習する際，概念形成ということでは，母国語と外国語との間で，学習する概念（語彙）の対応関係を学ぶ，いわゆる「対連合学習」が行われる。そうして，語彙のレベルから，文や文章のレベルでの学習になってくると，当該の外国語での「推論」や「思考」についての学習になり，やはり，「知覚・認知心理学」で対象としている主題になってくる。さらに，外国語学習では，その効率を無視すれば，高齢の学習者でも相応のレベルに達することができるのであり，母国語での臨界期や感受期に相当する時期はないと言えるであろう。

　さらに，プログラミング言語の学習ということも検討してみよう。プ

ログラミング言語の学習でも，自然言語と同じように，語彙や統語などの要素を積み重ねて学習していくことが大切である。一方で，プログラミング言語の学習では，プログラミング的思考を養うことが目的であるとも言われるが，その意味は，やはり「知覚・認知心理学」で対象としている主題である推論や問題解決，ということである。

　こうして，やや抽象的な説明になってしまうが，言語習得の熟達とは，活動の量と質とが高まっていくことであると捉えることができるだろう。第2章で検討した活動理論からの学習の分類においても，制度的な学習でも，非制度的な学習でも，それぞれの活動の現場での言語行動の熟達を考えることは可能であると言うことである。

　それでは，真の熟達とはどのような状態であろうか？　叡智 wisdom であろうか？　叡智という概念には，暗黙知，つまり言葉では表現するのが困難な知の側面も関連してくるだろう。それでは，複数の領域での熟達者，あるいは全ての領域をカバーしている熟達者というのが，真の熟達者であろうか？　そのような熟達者はどのような人物なのであろうか？

　そのような熟達者の人物像の1つは，いわゆる「エリート」であると言えるかもしれない。真の愛国者にして，国難の際にも，国民をリードするような人物である。政治学や社会学の観点からの「エリート理論」という研究領域がある。多くの国でエリート育成のための教育機関があることも事実である。日本のエリート教育については，読者の興味に応じて調べて欲しい。

　ここでは，真の熟達者について，別の人物像を考えるために，成人教育での議論を参考にしてみよう。

3. 成人学習について

　「成人学習 adult learning」は，学校教育が終わった後に始まる，そうして，各学習者の死まで続く，そのような学習を対象としている。

　本科目では，現代社会が情報化社会であることを繰り返して述べてきたが，情報化社会とは変化の激しい社会であり，人間は社会の変化に適応していくことが常に求められている社会であるということである。そこで，生涯にわたって，今までの経験をもとにして，適応をし続けていく，そのために学習を継続していく，そのような人間の心理の「機能」と「構造」とを研究するのが「成人学習」という領域であると言えよう。

　岩崎（2019）は，成人学習に関する理論や実践を振り返って，3つの観点から総括しているので，ここでも紹介しておこう。

1）学習プロセスを充実させる

　本科目では，認知の「過程（プロセス）」と「結果」とを区別してきたが，成人学習では，学習プロセスの充実が重視される。そこで，加齢（エイジング）に伴う生物学的な変化を受け入れつつ適切に年齢を重ねることが大切である。また，第2章で展望記憶について検討したが，自分の死を意識するようになることで，高齢になるほどに，客観的な「クロノス時間」から主観的な「カイロス時間」への時間感覚の重点が変化する。さまざまなライフ・イベント，特に危機的な状況を経験することで，その危機を乗り越えるというのは，より深い学習がなされたと言える。本科目では「経験の履歴」という言い方をしてきたが，成人学習においては，学習資源として経験を捉えている。成人学習における動機づけとしては，自己実現欲求や内発的動機づけがあげられている。

２）学習を理論化する

　子どもに対する教授学習法を論じるペダゴジー pedagogy に対して，成人の学習についてはアンドラゴジー andragogy と呼ばれ，その中核は，自発的で自己決定である学習の考え方である。変容的学習 transformative learning の考え方は，自分の経験を自分で意味づけて，自分の価値体系や価値基準を変容させていくことを重視する。ナラティブ学習 narrative learning の考え方は，人生について語ること，そして語られたものや書かれたものを重視する。第 6 章で言語習得の理論について検討した際に，ブルーナーの言語獲得支援システムについて紹介したが，同じブルーナー（1998）の「論理科学様式／ナラティブ様式」という思考様式の区別もある。さらに本科目では「ルール支配行動」「言語行動」ということで検討してきたことである。本科目では第11章「知覚運動学習」で検討した技能学習についても，成人学習では「身体化された学習」として重視されている。社会教育関連の施設や民間のサービスで，スポーツやヨガ，野外活動などの果たす役割ということで，親近感を持つ読者も多いだろう。

３）学習を実践する

　成人学習の成果は，職場や地域での実践に活かされることが常である。というよりも，職場や地域での問題を解決するために成人は学習するということでもある。組織における学習ということでは，本科目では活動理論として検討してきたが，ヴィゴツキーの「発達の最近接領域」の考え方や，認知的徒弟性や実践コミュニティ，学習する組織，職場を超えて学習する越境学習などがある。そうして地域や職場という現場で，他者とつながり「協調学習」を実践していくということである。上で，情報化社会とは変化の激しい社会であると書いたが，成人のキャリアも偶

発的に決定されるという考え方もあり，そのような状況においても自分の人生を設計することの大切さも，あらためて認識されている。

　このように，成人学習の考え方は心理学の理論との関連も深く，本科目と共通の話題を扱っていることも分かるだろう。

　岩崎（2019：290）も指摘しているとおり，以上の成人学習の考え方に「共通しているのは，人間には自己実現や成長に対する根源的欲求があるという前提である」ことは繰り返し確認しておきたい。

4.「学習・言語心理学」のまとめとして

　第1章で「学習・言語心理学」という研究領域は存在していないと指摘した。研究領域としては，「学習心理学」も「言語心理学」もそれぞれ存在しているとも指摘した。しかし，本科目の担当者としては「言語行動」という観点から，「学習・言語心理学」を統一的に検討することは可能であると指摘した。

　本章では，「言語習得」と題して，前半では新生児からの言語の獲得について検討し，後半は成人学習の観点から言語の習得（マスター）ということで「熟達」について検討してきた。そして，言語の熟達の最終形あるいは目標値については，成人学習における「自発的な自己決定」ということで，読者に開かれた問題であると指摘できるであろう。

　また，言語の熟達とは，科学技術の進歩であると捉えることができると指摘しておきたい。科学技術に対する批判として，その細分化（や極端な専門性）があげられるが，科学技術は，研究者や技術者が自分のアイデアを言語化したり道具化したりして，事物として表現しない限りは進歩しないので，科学技術の対象が言語化・道具化できるほどに細分化されていくことが，科学技術の進歩であるということである。

　本科目では，研究対象について，行動分析学の立場から検討すると同時に新行動主義，認知心理学の立場からも検討し，「刺激S―有機体O―反応R」の連合における「有機体O」としての情報処理プロセスや，動機づけなどを想定する考え方についても触れてきた。そして，活動理論の立場についても検討したが，行動分析学の立場と近しいことも指摘してきた。

　読者には，是非，研究者の立場から，ご自分の問題意識について，どのような研究目的を持ち，どのような研究方法で，その問題にアプローチできるのか考えていただきたい。つまり，研究も，万人に開かれている営みであるということである。

学習課題

　本科目の学習の過程で，インターネットで検索した内容を振り返り，その検索項目や得られた結果，さらには自分の変化について記録にとどめ，かつ言葉で表現してみよう。

引用文献

ブルーナー，J．　田中一彦（訳）（1998）．可能世界の心理　みすず書房

岩崎久美子（2019）．成人が学習する意義　岩崎久美子　成人の発達と学習（pp.274-291）　放送大学教育振興会

松井智子（2018）．言語習得論—多言語環境における言語習得—　滝浦真人（編）．新しい言語学—心理と社会から見る人間の学—（pp.115-130）　放送大学教育振興会

参考文献など

石丸昌彦・山崎浩司（編）（2018）．死生学のフィールド　放送大学教育振興会

内田伸子（編）（1998）．言語発達心理学　読む書く話すの発達　放送大学教育振興会

索 引

●配列は五十音順，＊は人名（研究者名）を示す。

著者紹介

高橋　秀明（たかはし・ひであき）

1960年　　山形県に生まれる
1990年　　筑波大学大学院博士課程心理学研究科単位取得退学
現在　　　放送大学准教授
主な著書　メディア心理学入門（共編著　学文社）

放送大学教材　1529587-1-2111（テレビ静止画）

学習・言語心理学

発　行　　2021 年 3 月 20 日　第 1 刷
著　者　　高橋秀明
発行所　　一般財団法人　放送大学教育振興会
　　　　　〒105-0001　東京都港区虎ノ門 1-14-1　郵政福祉琴平ビル
　　　　　電話　03（3502）2750

Printed in Japan　ISBN978-4-595-32252-5　C1311